초대 교회
이야기

| 한규삼 지음 |

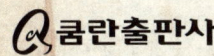
쿰란출판사

초대교회 이야기를 시작하면서

　　　　이 책은 초대교회에 있었던 부흥의 이야기를 모아놓은 것입니다. 이 책이 다루는 초대교회의 범위는 예루살렘에 설립되었던 최초의 교회와 이를 이어 시리아 안디옥에 세워졌던 두 번째 교회 그리고 바울이 전도를 통해서 소아시아[1]와 아가야/마케도니아[2]에 개척한 교회들, 마지막으로 당시의 땅 끝이었던 로마제국의 수도에 세워진 로마 교회입니다.

　이들 교회는 주후 30년에서 60년 사이에 설립되었고 온갖 고난과 박해를 받았지만 쇠잔해진 것이 아니라 오히려 부흥에 부흥을 거듭하였습니다. 이들 초대교회들이 닦아놓은 견고한 기틀에 힘입어, 주후 4세기에는 교회가 로마제국의 국교로 인정되는 외적인 부흥의 전성 시대를 맞보게 됩니다.

　저는 초대교회의 부흥 이야기를 통하여 우리 시대가 꿈꾸며 바라보아야 할 진정한 부흥의 모습을 함께 생각해 보고 싶었습니다. 요즘 부흥을 논하는 것은 오해를 사기 좋은 모험입니다. 특별히 몇 개월 전에 새로운 교회에 부임한 제가 '부흥'을 논하는 것은 새로운 임지에서 서둘러 교회의 성장을 이루려는 연약한 목회자의 인간적인 욕심이 담긴 것 같아 조심스러웠습니다. 그럼에도 불구하고 이 주제를 다루는 이유는, 참된 부흥은 모든 설교자가 갈망해야 하

---
[1] 현재의 터키 서쪽으로 에베소로 대표됩니다.
[2] 현재의 그리스 지역으로 고린도 교회로 대표됩니다.

PROLOGUE

는 것이며, 교회가 이루어야 하는 것이기 때문입니다. 또 이 시대 속에서 빗나가버린 참된 부흥의 모습을 '말씀을 통해' 헤집어 보길 원해서입니다.

마틴 로이드 존스 목사님은, 모든 설교는 부흥을 촉진시키는 것이어야 한다고 역설하였습니다. 우리는 섬뜩할 정도로 영적인 궁핍함을 겪고 있습니다. 우리가 살고 있는 현실에 대해서 가장 먼저 가져야 하는 태도는 절망입니다. 이 절망이 우리로 하여금 부흥을 바라보게 합니다. 만약 영적인 상태를 제대로 볼 수 있는 눈이 있다면, 영혼의 소생을 갈망하지 않을 수 없습니다. 그리고 소생된 영혼이 풍성하게 되는 것이 성도가 누릴 최고의 복임을 알기에 우리는 부흥을 소망할 수밖에 없습니다.

우리에게 부흥이 필요한 이유는 세상에 존재하는 '악' 과 인간의 '죄' 때문입니다. 부흥은 죄를 이기고, 인간의 악함을 정화합니다. 우리가 겪고 있는 해결하기 어려운 문제들은 단순한 언어의 문제나 용어상의 혼동으로 생긴 것이 아니라, 근본적으로 '악' 의 문제입니다. 악은 죄를 이용하여 인간을 타락하게 만들었습니다. 이런 악이 일으킨 문제들은 대체로 난제들입니다. 우리 스스로 해결하기 힘든 것들입니다. 악과 인간의 죄를 바로 보게 하는 기독교 신앙의 근본 교리를 제대로 이해할 때 비로소 참된 부흥의 필요성을 인식하게 되고, 그 부흥을 위해서 기도할 수 있게 됩니다.

부흥은 하나님의 아들 예수 그리스도를 영화롭게 하는 것이며,

초대교회 이야기를 시작하면서

그리스도를 교회의 중심 위치에 모시는 것을 의미합니다. 부흥은 그리스도께 대한 뜨거운 헌신을 가져옵니다. 이 글을 읽는 모든 독자들에게 부흥에 대한 오해가 없어지고, 바른 이해가 생기길 기대해 봅니다. 그리고 더 중요한 것은 참된 부흥에 대한 갈망이 시작되는 것이며, 이것을 실제로 경험하는 축복을 누리는 일입니다.

이 책의 제목에는 이중의 의미가 있습니다. 제가 섬기는 교회가 '초대교회'이기 때문입니다. 성경에 기록된 초대교회의 부흥 이야기가 제가 섬기는 교회에 있기를 갈망하는 목회자로서의 바람이 담겨 있습니다. 그리고 1세기에 있었던 초대교회와 같은 모습이 되길 원하는 우리 시대의 수많은 교회들에게 1세기에 있었던 초대교회들의 부흥이 재현되길 축복하는 마음도 담겨 있습니다.

이 책에서 다룰 초대교회는 예루살렘, 안디옥, 에베소 그리고 로마에 있었던 교회들입니다. 이 네 도시를 택한 이유는 이들이 차지하고 있는 정치사회적 중요성 때문입니다. 예루살렘은 처음 교회가 시작된 곳이고, 안디옥, 에베소, 로마는 당시 세계의 최고 도시들이기 때문입니다. 이들 도시에 생긴 초대교회들이 어떻게 부흥하였는가는 곧 땅 끝 선교를 이루어 가는 성령님의 원대한 계획을 들여다 볼 수 있는 '창(window)'이기도 합니다. 이 교회들을 차례로 '예루살렘 초대교회,' '안디옥 초대교회,' '에베소 초대교회,' 그리고 '로마 초대교회'라고 구별하여 부르면 좋을 듯합니다. 그리고 초대교회들이 맛보았던 참된 부흥을 이 시대에 이어가려는 독자 여러분

PROLOGUE

의 (초대) 교회와 제가 섬기는 뉴저지초대교회가 있습니다.

　이 책의 핵심은 성경에 기록된 부흥의 이야기를 풀이하여 진정한 '부흥의 컨셉'을 제시하는 것입니다. 가능한 한 말씀을 그대로 해석하되, 전문가의 용어나 논리 전개 방식이 아니라 평신도들을 위한 설교의 영성을 담아보려고 했습니다. 말씀을 그대로 풀면 보통은 좀 지루하고 부담스럽게 느껴집니다. 또 설교 형식으로 글을 쓰면, 독자들이 읽기엔 편하지만 자의적인 해석이 많아지고 말씀에 대한 깊이가 떨어지기 쉽습니다. 두 마리의 토끼를 모두 잡아보려 했지만, 모두 놓칠 수 있다는 생각에 살짝 겁이 납니다. 그래도 성령께 맡기며 끝까지 써 내려가 보았습니다.

　이 글을 읽는 독자들 모두에게 참된 부흥이 경험되는 축복이 있기를 바랍니다. 이 글이 좀더 다듬어질 수 있도록 도와주신 뉴저지초대교회 목회지원실 이희주 집사님과 출판을 허락하신 쿰란출판사 대표 이형규 장로님께 감사드립니다.

2010년 9월 5일
한규삼

■ 차례

초대교회 이야기를 시작하며 —2

초대교회 이야기 1 이런 교회를 아시나요? —7

초대교회 이야기 2 국제도시의 한복판에서 있었던 이야기—37

초대교회 이야기 3 그리스도인이란 이름이 생긴 이야기—65

초대교회 이야기 4 아낌없이 내어주었던 이야기—85

초대교회 이야기 5 마술의 도시가 변한 이야기—108

초대교회 이야기 6 잃어버린 첫사랑 이야기—130

초대교회 이야기 7 이름 없는 사람들이 로마제국을 접수한 이야기—153

이런 교회를 아시나요?

사도행전 4장 32-35절

믿는 무리가 한마음과 한뜻이 되어 모든 물건을 서로 통용하고 자기 재물을 조금이라도 자기 것이라 하는 이가 하나도 없더라 사도들이 큰 권능으로 주 예수의 부활을 증언하니 무리가 큰 은혜를 받아 그 중에 가난한 사람이 없으니 이는 밭과 집 있는 자는 팔아 그 판 것의 값을 가져다가 사도들의 발 앞에 두매 그들이 각 사람의 필요를 따라 나누어 줌이라

♱ 있을 것 같지 않은 일

수년 전에 LA에서 영어권 한국인 2세와 1.5세 목회를 하시는 목사님 한 분을 모시고 세미나를 가졌습니다. 이 목사님은 한인 2세들의 교회를 아주 모범적으로 목양하시는 1.5세[3] 목사님이십니다. 목사님은 교회의 리더는 목양자이어야 한다는 내용의 강의를 하셨는데, 이를 설명하는 도중에 '가십(gossip/험담) 없는 교회'에 대해서 언급하셨습니다. 그 목사님이 섬기는 교회에서는 제직이 되

려면 '험담 안 하기 서약'을 한다고 합니다. 강의가 끝난 후 질의 응답 시간에 어떤 집사님이 그 서약이 정말 지켜지느냐고 물었습니다. 목사님은 그렇다고 답했습니다. 그 순간 질문한 집사님의 얼굴에는 누구나 엿볼 수 있을 정도로 선명하게 두 가지 반응이 엇갈리고 있었습니다. '그렇게 되면 얼마나 좋을까?' 그리고 '그런 일은 세상에 절대로 있을 수 없다!'

우리는 교회에 대해서 이상적인 그림과 비관적인 그림 둘 다를 가지고 있습니다. 그래서 한편으로는 교회에 바라는 것이 지나치게 많고 다른 한편으로는 교회 일이나 문제에는 냉담할 뿐 교회를 바로 세우려는 애정 있고 활기찬 의욕이 보이지 않을 때가 많습니다.

유토피아란 말은 '세상에는 없는 장소(topos)'란 의미입니다. 이는 세상의 원리가 지배하는 곳에는 나타날 수 없는 현상이란 의미도 됩니다. 그래서 이상향은, 곧 '이 땅'이란 공간을 벗어나야만 경험할 수 있는 세계란 의미로 쓰입니다. 사도행전 4장 32-35절은 예루살렘에 설립된 처음 교회의 모습을 기록하고 있는데, 이는 유토피아와 같은 곳으로 묘사됩니다. 물론 사도행전의 저자 누가가 우리가 사용하는 유토피아의 개념을 알고 있었는지는 알 수 없습니다. 하지만 그가 묘사하는 예루살렘 교회에는 우리가 상상하는 유토피아의 개념이 현실화되고 있었습니다. 사람들이 한마

---

3) 1.5세는 어릴 때 미국으로 이민 와서 영어와 한국어를 모두 할 줄 아는 사람들을 가리키는 용어입니다. 보통 사회학에서는 쓰지 않는 용어라고 하는데, 미국 이민사회에서는 누구나 쓰는 말입니다. 대략 초등학교 3학년에서 고등학교 1년 사이에 이민을 오면 이중 언어를 잘하고 이중 문화에 친숙하게 된다고 합니다.

음 한뜻이 되어 아무도 자신의 소유를 자기만의 것으로 주장하지 않아 교회와 성도들 사이에 핍절함이 모두 없어진 상태가 되었기 때문입니다.

이런 일이 진짜 있었습니다. 얼마나 오래 지속되었는지는 모르지만 여러 해 동안 계속되지는 않은 듯합니다(어쩌면 아주 짧은 기간이었을 수도 있습니다). 초대교회에 부흥이 있었을 때 함께 생겼던 믿을 수 없는 현상이었습니다. 예루살렘에 설립된 교회는 부흥을 맛보면서 이 땅의 교회들이 꿈에서나 이룰 수 있는 천상의 모습을 잠시 가현화시켰던 것입니다.

교회는 부흥을 경험할 때 하나님의 통치와 그의 나라를 맛보게 됩니다. 하나님의 나라에서는 우리가 '있을 수 없는 일'이라고 여기는 꿈에서나 꿀 수 있는 일들이 벌어집니다. 물론 이것이 지상에서는 오랫동안 지속될 수 없다 하더라도 부흥을 통하여 맛보는 풍성한 하나님의 세계는 정말 행복한 경험입니다. 예루살렘에 있었던 최초의 교회에는 이런 부흥이 있었습니다.

✝ 부흥 알레르기(Allergy)

요즘 성도들은 '부흥'이란 말을 좋게 여기지 않습니다. 그래서 '부흥'에 대해 언급하면 교회의 성장을 바라는 인간적인 냄새로 이해합니다. 교회가 꿈꾸는 부흥을 기업이 발전하기 위하여 온갖 수단과 방법을 쓰는 것과 조금도 다르지 않게 바라보는 교우들이 제법 많은 것이 현실입니다. 하지만 어떤 오해가 있더라도 성도는 부흥을 꿈꾸며 살아가야 하며, 교회는 부흥을 이루어가야 합니다. 교회가 참된 부흥을 회복하려면 두 가지 잘못된 인식을 바로잡아야 합니다. 첫째, 부흥주의는 참 부흥이 아니란 점과 둘째, 참다운 부흥은 교회의 본질적인 부분이며 교회가 반드시 힘써 추구해야 한다는 사실입니다.

부흥주의란?

참된 부흥에 대해서 알아보기 전에 먼저 참되지 않은 부흥인 '부흥주의'에 대해서 간단히 살펴보고자 합니다. 현대의 부흥주의는 마이클 호튼이 진단한 '세속화된 현대 교회의 부흥' 이란 표현 속에서 그 모습의 실체를 찾아볼 수 있습니다. 마이클 호튼은 캘리포니아에 있는 서부 웨스트민스터 신학대학원의 교수입니다. 그는 프랑스에 있는 국제인권문제연구소와 영국의 케임브리지 대학교에서 연구했고, 영국 옥스퍼드 대학교의 위클리프홀에서 박사 학위를 받았습니다.

그는 《세상의 포로된 교회》[4] 란 책에서 이 시대의 교회들이 휘청거리고 있다고 지적합니다. 교회를 강타한 주범은 세속주의인데, 이 시대의 교회들은 "커다란 명성과 영웅 숭배와 그 부와 화려하게 번쩍이는 장관을 지니고 있는 커다랗고 시끄러우며 공격적인 세상에 완전히 매료당했다"고 했습니다. 그 결과 현대 교회가 추구하는 부흥은 '개인주의'에 바탕을 둔 부흥주의로 전락되었다고 진단합니다. 이 시대의 교회는 부흥할수록 자기 교회만을 생각하고, 전체 교회는 도무지 돌보려 하지 않는다는 것입니다. 그는, 이것은 진정한 부흥이 아니라 자신만의 팽창이라고 지적합니다.

---

4) 원제목 *Beyond Culture Wars*, 김재영 역, 부흥과 개혁사, 2001, 서울. p. 93.

⛪ 참된 부흥이란?

부흥이 개인에게만 일어나면 별 의미가 없습니다. 부흥은 한 사람이 이룰 수 있는 것이 아니라 무리에게 일어나는 현상입니다. 한 사람, 혹은 한 교회의 영적 활동이 주변에 영향을 미쳐 시너지 효과가 일어날 때 부흥이란 표현에 적합하게 됩니다. 또 진정한 부흥은 그저 활발해지고 왕성해지는 것이 아니라, 영적인 깨우침을 통하여 생긴 변화 때문에 일어난 것이어야 합니다. 따라서 부흥은 말씀에 근거한 것이어야 하며, 신앙 고백적이어야 합니다. 하나님 앞에 신앙을 고백하며, 하나님이 어떤 분이신지를 제대로 알고 있는 사람들이 늘어나는 것이 진정한 부흥인 것입니다.

부흥은 기독교 문화가 왕성해지는 것이 아닙니다. 그저 교회에 참석하는 사람들의 수가 늘어나는 것도 아닙니다. 대형교회가 편안한 시설과 세련되게 준비된 예배 형식으로 많은 사람을 얻는다면, 이것은 참다운 부흥이 아닙니다. 교인의 수적 증가가 부흥이란 보장은 없습니다. 말씀에 근거하여 신앙을 고백하는 성도들이 늘어나며 참된 예배자가 세워지는 것이 아니라면, 부흥이라고 일컬을 수 없습니다. 부흥은 복음이 여러 사람들 속에 동시에 왕성해지는 것이며, 진정한 예배자들이 이 땅에 속속 세워지는 것입니다.

⛪ '예루살렘 초대교회'를 소개합니다

성경에 기록된 최초의 교회는 예루살렘에 있었습니다. 저는 이 교회를 '예루살렘 초대교회'라고 부르고 싶습니다. 왜냐하면 1세기 중반에 설립된 모든 교회들이 초대교회이기에 앞에 지역을 붙여 구별하는 것이 좋아 보이기 때문입니다('예루살렘 초대교회,' '안디옥 초대교회,' '에베소 초대교회,' '로마 초대교회').

  논리적으로 추측해 보면, 어쩌면 예루살렘에 교회가 생기기 이전에 갈릴리 지역에 예수를 따르던 무리들이 나름대로의 예수 공동체를 형성했을 수도 있습니다. 하지만 성경은 이에 대해 아무런 기록을 하지 않습니다. 반면 사도행전은 교회가 시작된 시기가 예수님께서 부활하시고, 성령께서 강림하신 이후라고 기록합니다. 그리고 그 장소는 예루살렘이라고 합니다.

✚ 예루살렘 초대교회의 부흥 이야기

  예루살렘 초대교회에 관한 사도행전의 기록은 한 마디로 '부흥'에 관한 것입니다. 사도행전 처음 석 장에는 예루살렘에 탄생한 '초대교회'가 경험한 부흥 이야기를 잘 기록하고 있습니다. 특히 사도행전 4장 32절에서 35절은 예루살렘 초대교회가 맛보았던 부흥 이야기의 꽃이라고 할 수 있습니다. 이 본문은 믿기 어려운 일이 현실화된 '이상적인 교회'에 관한 묘사입니다.

  예루살렘 초대교회는 믿는 자의 수가 폭발적으로 늘어났습니다. 성령이 강림하여 교회가 세워질 때 베드로가 설교를 하니 한 번에 3,000명이 세례를 받는 사건이 있었고, 사도행전 2장에서 4장 사이에서만 예루살렘 교회는 만 명이 넘는 '무리'로 성장한 것을 발견할 수 있습니다. 본문 33절에도 '무리'가 등장합니다. 이들은 예루살렘 초대교회가 경험한 부흥이 낳은 사람들이었습니다.

저자로서 진짜 말하고 싶은 것

부흥의 가장 선명한 외적 현상은 믿는 사람의 수가 많아지는 것입니다. 부흥이 있는 곳에는 반드시 양적인 증가가 있습니다. 요즘 교회가 겪는 가장 심각한 문제는 성도들이 '부흥'에 관심이 없다는 것입니다. 그 이유는 부흥이 세속적인 단어로 오인되었기 때문입니다. 적잖은 사람들이 부흥을 '부흥주의'로 이해하여, 부흥을 추구하는 것은 교회가 '많으면 좋은 것'이란 세속주의를 추구하는 현상이라고 오해하고 있습니다.

사람들은 무조건 많은 것을 추구하고 숭배하는 세속주의적 가치관에 익숙해져 있으면서도 일부 성도들은, 교회는 많은 것을 무조건 배격해야 한다고 주장합니다. 부흥을 부흥주의로 오해한 사람들이 교회로부터 참된 부흥의 필요성과 갈급함마저 몰아낸 것입니다.

많은 것이라고 반드시 변질된 것은 아닙니다. 많아지려는 것은 욕심이지만, 많아지는 현상은 성경이 기대하는 부흥의 모습에서 뺄 수 없는 것임을 알아야 합니다. 제가 강조하고 싶은 것은, 참된 부흥은 어떤 오해를 받는다고 해도 포기할 수 없는 교회의 본질적 요소라는 사실입니다. 생명이 있으면 성장하기 때문입니다. 하나님 나라는 소리 없이 성장한다고 성경은 수없이 선포합니다. '많은 것'은 우리가 추구할 것도 멀리할 것도 아닙니다. 사단은 부흥을 '부흥주의'로 오해하도록 만들어서 우리 안에 참된 부흥에 대한 부정적인 시각을 심어놓았습니다. 처음 교회에 부흥이 있었을 때, 성령께서는 교회에 충분한 무리를 더하여 주셨습니다. 우리의 관심은 참된 부흥을 이루기 위해 교회의 구성원이 확고한 믿음을 가지고 헌신된 무리가 되어야 한다는 것입니다.

⛪ 포기할 수 없는 부흥

부흥은 성령으로 뜨거워진 사람들이 많아지는 것입니다. 이는 자기를 버려 헌신한 사람들이 많아지는 것이며, 그 열기가 더욱 뜨거워지는 것입니다. 부흥은 모든 설교의 목적이며, 모든 설교자의 사명이어야 합니다. 부흥은 많아지는 것입니다. 그러나 많아지는 것을 즐기는 것이 아니며, 많아지는 것 자체가 목적이 아닙니다. 부흥은 제대로 된 성도, 곧 신앙을 생명으로 고백하며 삶에 실천해 보이는 힘 있는 성도가 많아지는 것입니다. 성도의 수가 많아지는 것은 부흥의 필연적인 요소임이 분명합니다. 부흥주의는 '믿음'에는 별 관심이 없이 '무리'에만 집착하는 것입니다. '믿음'이 없는 무리들은 주님께서 "나는 너를 도무지 알지 못한다"고 거세게 나무라시는 대상일 뿐입니다.

⛪ 참된 부흥의 인디케이터(Indicator/지표)

부흥의 외적인 모습은 '무리'가 생겨 이들이 열심히 복음을 따르는 것입니다. 그러나 무리가 아무리 급속도로 많아진다 해도, 또 이들이 떠들썩하게 설친다고 해도, 거듭 말하지만 단순히 무리가 많아지는 것만으론 참된 부흥이라고 할 수 없습니다. 예루살렘 초대교회의 부흥 이야기의 꽃인 본문은 참된 부흥을 가늠하는 인디케이터 (indicator/지표) 몇 개를 제공해 줍니다. 참된 부흥의 인디케이터를 아는 것은 참으로 유익합니다. 왜냐하면 현대는 부흥에 대해 오해를 하여 참된 부흥까지도 폄하하려 하기 때문에 참된 부흥이 무엇인지를 가늠하는 기준이 있어야 합니다.

그런데 부흥은 복합적인 현상이어서 어떤 부흥이 참된 것인지 그 여부를 한눈에 알게 하는 기준이 쉽지 않다는 것입니다. 그래서 참된 부흥이 있던 곳에 늘 나타났던 인디케이터들이 무엇인지를 추출하고, 우리가 경험하는 부흥처럼 보이는 현상이 참된 부흥인지 그 여부를 이런 인디케이터가 있고 없음을 통하여 판단하면 됩니다.

⛪ 네 가지 참된 부흥의 인디케이터

본문에서 우리는 참된 부흥의 인디케이터가 되는 네 가지 요소를 찾을 수 있습니다. 이 요소들은 참된 부흥이 있는 곳에서는 언제나 나타나는 보편적인 현상이지만, 네 요소 모두 나타나야만 하는 것은 아닙니다.

첫 번째로, 참된 부흥의 인디케이터는 부흥이 성령의 사역이란 점입니다. 본문 다섯 절 안에는 성령이란 단어가 없습니다. 하지만 대충 읽어도 본문의 내용은 성령의 사역과 관련되어 있음을 알 수 있습니다. 그리고 본문 바로 앞절인 31절에는 성도들이 기도할 때에 모인 곳이 진동을 하면서 모두 성령의 충만함을 받았다는 기록이 있습니다. 이 성령의 사역으로 인해 첫 부흥이 일어났다고 보는 것은 자연스럽습니다.

> "손을 내밀어 병을 낫게 하시옵고 표적과 기사가 거룩한 종 예수의 이름으로 이루어지게 하옵소서 하더라 빌기를 다하매 모인 곳이 진동하더니 무리가 다 성령이 충만하여 담대히 하나님의 말씀을 전하니라"

(행 4:30-31).

두 번째로, 참된 부흥의 인디케이터는 부활의 메시지입니다. 참된 부흥이 있는 곳에는 반드시 부활의 메시지가 있습니다. 부활의 메시지, 곧 복음은 부흥의 견인차입니다.

세 번째로, 참된 부흥의 인디케이터는 나눔입니다. 나눔을 통하여 핍절함이 없어지는 것입니다. 부흥이 일어나면 자신을 비우는 나눔이 시작되어 모두에게 핍절함이 없어지는 것입니다.

네 번째로, 참된 부흥의 인디케이터는 헌신된 일꾼들이 나타나는 것입니다. 부흥이 있는 곳에는 변화된 일꾼들이 생기며, 모든 부흥은 헌신하는 일꾼들을 통해서 이루어집니다. 정리하면, 참된 부흥의 인디케이터 중에는 '성령', '복음', '나눔', '일꾼'이 있습니다.

✠ 부흥을 주도하시는 성령(첫 번째 인디케이터/지표)

부흥을 설명하고 이해하는 데 가장 우선적으로 다루어야 하는 것은 부흥이 성령의 사역이란 점입니다. 인간의 어떠한 노력이나 프로그램도 성령의 역사 없이는 진정한 부흥을 이룰 수 없습니다. 수많은 사람이 동원되고, 전문가가 기획하여 막대한 자원이 투자된 행사를 통해서도 성령이 역사하지 않으시면 부흥은 일어나지 않습니다.

✠ 조직신학을 아시나요?

신학의 분야 중에 조직신학이라는 것이 있습니다. 이는 신학의 주요 주제들을 조직적으로 다루어서 이론의 체계를 세워보는 것입니다. 예를 들어, 구원을 어떤 과정을 통해 어떻게 얻고 그것을 이루어 가는가에 대한 대답은 성경의 한두 구절을 살펴봐서는 모두 이해할 수 없습니다. 성경 전체와 그리스도인으로서의 이성 및 교회의 증언들을 종합해서 논리적 체계를 세워야 합니다. 이런 분야를 조직신학이라고 합니다.

조직신학은 물론 성령에 대한 종합적인 이해도 다루는데, 이 분야를 성령론이라고 부릅니다. 이는 체계적으로 성령의 사역을 분석하고 또 모든 데이터를 종합해 보는 것입니다. 그런데 성령론에 관한 책은 많이 있지만, 안타깝게도 성령의 주된 사역이 부흥을 이루는 것임을 제시하는 자료는 찾아보기 힘듭니다. 부흥은 성령의 사역입니다. 성령을 제외하고 부흥을 논하는 것은 핵심이 없는 공론일 뿐입니다.

♱ 성령의 사역은 세우고, 무너뜨리는 것

성령의 사역은 기본적으로 '세우는 것'입니다. 어떤 기이한 현상이 성령께서 주장하시는 것인지 아닌지를 분명하게 아는 것이 어렵게 느껴질 때가 많습니다. 잡신들도 기이한 일을 할 수 있기 때문입니다.[5] 성경이 성령의 사역에 대해서 설명하며 증언하는 것이 있습니다. 성령은 공동체의 응집력과 목적을 세운다는 것입니다. 성령이 주인 되신 곳에는 분열이 절대로 생기지 않습니다. 성

---

5) 대표적인 예가 애굽의 술객들이었습니다. 모세가 이적을 행할 때에 이들도 소규모의 비슷한 이적을 행했습니다.

령이 계신 곳에는 자유함이 있으면서도 놀라운 질서가 세워지며, 일꾼도 세워지고, 사람들이 같은 마음을 갖고, 겸손하고 온유해집니다.

또 성령은 사람들의 가치관도 바로 세워줍니다. 따라서 능력을 행한다고 하면서 오만하고 남에게 상처를 주며 자기 자랑과 자기 중심성이 강해 배타적이 되어 공동체를 분열시키면 이것은 결코 성령의 사역이 아닙니다. 하지만 역설적으로 성령의 역사로 무너지는 것도 있습니다. 성령은 자기중심적 생각을 무너뜨리고, 남과 쌓아놓은 관계의 벽을 무너뜨립니다.

본문에 기록된 첫 부흥 이야기에는 성령이 부흥을 주도하심으로 공동체가 놀랍도록 견고하게 세워지는 모습이 나타납니다. 또 반대로 내가 중심이 된 소유욕이 무너지는 기적의 이야기도 기록되어 있습니다. 이 둘은 성령이 역사하신다는 아주 선명한 증거입니다.

한마음, 한뜻으로 세워지다

교회를 다니는 사람은 누구나 교회가 한마음 한뜻이 되어야 함을 알고 있습니다. 사람들의 마음이 자꾸 갈라지는 것은 바람직한 모습이 아닙니다. 하지만 한마음 한뜻이 되는 것을 경험하기가 쉽지 않은 것이 현실이기도 합니다. 사람들은 한마음 한뜻이 되자는 구호를 외치면서 대체로 두 가지를 생각합니다. '당신의 뜻을 포기하고 내 뜻을 따르라' 는 것입니다. 아니면 '조금씩 양보하여 일치점을 찾자' 는 제안입니다.

하지만 막상 양보를 시작하면 쌍방은 모두 자신이 더 많이 양보를 했다고 생각하게 되면서 다시 나의 주장이 나오게 되며, 상대를 받아들일 수 없게 됩니다. 서로가 조금이라도 이익을 더 챙기며 덜 손해 보려고 하는데, 어떻게 한마음 한뜻이 되겠습니까?

♦ 한 가지 팁(Tip)

한마음 한뜻은 내가 변하기 전에는 절대로 얻을 수 없습니다. 나의 자기중심적 성향과 가치관은 십자가에서 장례를 치르기 전에는 경험할 수 없는 것입니다.

어떤 장로님의 가치관입니다. 장로님이 막 결혼을 했을 때였습니다. 장로님은 새로 맞이한 아내에게 인생살이의 방법에 대해서 제안하면서 남에게 늘 손해 보는 기분으로 살자고 했습니다. 내가 손해 본다고 생각할 때, 남은 공평하다고 생각하기 때문입니다. 따라서 내가 공평하다고 생각하는 대로 행하면 남은 자신이 손해 본다고 생각할 것입니다. 이 장로님 부부는 이 가치관을 지금까지 철저히 지키고 살고 있습니다. 이 장로님을 처음 만났을 때, 뭔가 특별한 느낌이 있었습니다. 그것은 하나님의 축복을 받는 길을 알고 있는 듯한 느낌이었습니다.

하지만 사람의 노력만으로는 진정한 하나 됨을 이룰 수 없습니다. 분열과 단절 그리고 손해 본다는 악감을 없앨 수 있을 뿐입니다. 성령이 임하여 모두 함께 은혜를 받게 되면, 한마음 한뜻을 이룰 수 있습니다. 성령의 통치 아래서 자기의 통치가 죽기 때문입니다. 예루살렘 초대교회의 부흥은 성령이 강력하게 임재하심으로 모두가 하나로 세워진 사건에 대한 이야기입니다.

⛪ 소유욕을 내려놓다

본문이 소개하는 부흥 이야기에는 성령께서 내려놓게 하신 것이 있습니다. 성령은 공동체를 세우실 때, 자기중심적인 생각과 소유의 욕심을 버리게 하는 방법을 자주 사용하십니다. '모든 사람'이 예외 없이 '모든 물건'을 통용한 것입니다. "자기 재물을 조금이라도 자기 것이라고 하는 이가 하나도 없더라"라고 기록되어 있습니다(32절). 이 사건은 바로 '죄'의 지배가 없어진 놀라운 상태를 묘사하는 것입니다. 잠시지만 천국이 예루살렘 초대교회 위에 온전히 임했던 것입니다. 부흥은 죄를 극복합니다. 죄가 만든 처절한 결과인 자기 것을 독점하기 위해 목숨까지도 내 것인 듯 하는 거친 주장이 없어지게 합니다. 성령은 참된 부흥을 통하여 죄의 세력권을 파괴합니다.

⛪ 성령이 주신 또 하나의 기적, 지속함

성령께서 부흥을 이끄실 때 우리에게 주시는 또 하나의 기적과 같은 힘이 있습니다. 그것은 '지속하는 것입니다.' 유익한 일도 오래 지속하기는 참 어렵습니다. 누구나 지속해야 한다고 동의하는 것이 두 가지 있습니다. 그것은 영적 건강을 위한 기도와 육적 건강을 위한 운동입니다. 언젠가 신앙 '나눔방'에서 꼭 해야 한다고 생각하는데, 잘되지 않는 것을 두 가지씩 찾아보자는 질문을 나눈 적이 있었는데 모두가 한결같이 '기도'와 '운동'이라고 했습니다.

이 두 가지가 얼마나 유익한 것인지는 잘 알지만, 실제로 지속적으로 행하기는 참 어렵습니다. 나에게 유익한 것을 지속하는 것도 어려운데, 하기 힘들고 껄끄러운 일을 지속하는 것은 정말로 힘든 것입니다. 지속적으로 남을 섬기는 것은, 특히 감사가 식어진 상황에서는 정말 어렵습니다. 그래서 하나님은 이런 섬김과 봉사 그리고 나눔을 무척 좋아하십니다.

어떤 성도가 했던 넋두리입니다. 그분은 참 귀한 마음을 가지고 있었습니다. 그래서 토요일이면 노숙자 분들에게 가서 이발을 해 주었습니다. 그런데 어떤 날은 정말 다시는 가기 싫어진다는 것입니다. 무료로 가서 하는 봉사인데도 불평이 그렇게 많다는 것입니다. 머리 자른 모양에 관해서도 그렇고 어쩌다 좀 늦으면 늦었다고 거칠게 화를 낸다고 합니다. 자원 봉사인데……. 그래도 그분은 꾸준히 이 봉사를 계속한 지 수년이 지났다며 빙그레 웃습니다. 남이 반기지 않는 그러나 그들에게 꼭 필요한 선행을 당신은 얼마나 계속할 수 있을 것 같으신가요?

♟ '지속형' 변화

본문 32절에서 "믿는 무리가 한마음과 한뜻이 되었다"고 합니다. 흥미로운 점은 '되었다'는 표현이 과거형 혹은 완료형으로 보이지만, 헬라어에서는 '지속형'을 뜻하는 동사라는 것입니다. 또 재물을 그 누구도 자신의 것이라고 주장하는 사람이 없다는 표현에서도 '주장하다'가 역시 지속형입니다. 한 번 슬쩍 혹은 기분 좋은 김에 말한 것이 아니라, 누구나가 지속적으로 제 것이 자기 것이라고 말하지 않았다는 것입니다.

이것은 참으로 놀라운 축복입니다. 잠시 한 번 일어나기도 어려운 일이 지속되고 있었던 것입니다. 성령의 역사이기 때문입니다.

이런 성령의 역사가 있었다는 것은 참된 부흥이 있었다는 지표가 됩니다. 성령의 역사를 통하여 죄가 사람들 사이에 만들어놓은 단절이 무너지면서 한마음 한뜻이 되는 것이고, 자기중심적인 소유욕이 없어지고, 이것이 지속되는 것입니다!

부활의 메시지(두 번째 인디케이터/지표)

참된 부흥의 또 다른 인디케이터는 부활의 메시지입니다. 본문의 중심부에는 사도들이 부활을 증거하는 모습이 기록되어 있습니다. 그리고 이 증거에 큰 권능이 나타났다고 했습니다. 부흥에는 반드시 복음이 그 중심에 있어야 합니다. 본문의 구조를 잘 살펴보면, 사도들이 전한 메시지인 33절을 제외한 나머지 구절들은 모두 물질에 관련된 문제입니다. 부활의 메시지가 얼마나 영향력이 있었던지 물질에 대한 사람들의 태도에 변화를 일으킨 것입니다.

진리의 메시지가 선포되면 큰 권능이 나타납니다. 이 권능의 메시지가 부흥의 견인차인 것입니다. 메시지에 권능이 없는 부흥은 잠시 떠들썩하다가 지나가는 인간의 모임에 지나지 않습니다. 인간의 생각에서 나오는 떠들썩한 소리에는 부활의 메시지를 담을 수 없습니다. 회심하지 않은 지성을 혼란스럽게 하는 잡음만 있을 뿐입니다.

부흥만 할 수 있다면?

많은 목사님들의 고민이 부흥입니다. 이것은 정당합니다. 그런데 문제는 부흥을 위해서 말씀을 학습하고 묵상해야 할 시간에 부흥에 관련된 세미나를 찾아 나서는 것입니다. 만약 부흥을 보장하는 방법을 배울 수만 있다면, 많은 시간과 물질을 사용해도 아깝지 않다고 생각합니다. 왜냐하면 교회가 부흥이 되어 그 수가 늘면 그만큼의 자원이 늘어날 것이며, 명예가 따르니 당연히 해야 하는 투자인 셈이라고 생각하는 것입니다. 그러나 부흥을 이루는 '기술'이란 그 어디에도 존재하지 않습니다.

♱ 부활의 메시지

예루살렘에 있었던 처음 교회의 이야기에서 답을 찾아야 합니다. 부흥을 이룬 큰 권능은 부활의 메시지였습니다. 부활의 메시지는 참된 부흥에 있어서 성령의 사역 다음으로 중요한 인디케이터입니다. 부활의 메시지가 없이 무리가 몰려드는 것은 참된 부흥이 아닐 수 있으니 조심해야 합니다.

♱ 파괴된 죽음의 지배

부활의 메시지에는 아주 깊고 다양한 신학적인 주제들이 포함되어 있습니다. 우선 부활의 의미를 신학적으로 파헤쳐봅시다. 부활의 가장 중요한 의미는 죽음의 권세에서 벗어나는 것입니다. 따라서 부활의 메시지는 성도들에게 자유함과 참 기쁨을 줍니다. 부활은 궁극적인 승리이기 때문입니다. 성경은 인간의 모든 문제를 죄에 두며, 이 죄는 죽음을 통해 인간을 지배한다고 설명합니다.

사실 부활이 없다면 모든 것은 끝장입니다. 우리말에 "싸 가지고 갈 것도 아닌데"라는 말이 있듯이 죽음 이후에는 이생에 속한 것은 아무런 쓸모가 없습니다. 죽음은 모든 것의 소멸과 모든 것으로부터의 단절을 통하여 인간을 지배합니다. 반면 부활은 이런 죽음을 통한 죄의 지배에서 우리를 자유하게 합니다.

♟ 최후의 무기가 작동하지 않을 때

싸움을 한다고 가정합시다. 나에게 최후의 무기가 있다고 생각해 봅시다. 이 무기만 쓰면 상대가 아무리 강한 놈이라고 해도 꼼짝없이 항복할 수밖에 없는 무기가 있다고 합시다. 이 싸움에서 당신은 얼마나 당당할 수 있을까요? 아마도 상대의 어떤 모습과 위협에도 외눈 하나 꿈쩍하지 않을 것입니다.

그런데 회심의 무기를 사용했는데 상대가 끄떡없다면 그때는 어떨까요? 바로 사단이 부활 앞에서 느끼는 심정이 이럴 것입니다. 사단이 죽음이란 무기만 쓰면 죄로 물들 인간들이 꼼짝할 수 없었는데, 부활이 사단의 최후 무기인 죽음의 지배력을 허수아비로 만들어버린 것입니다.

♟ 자유를 얻으려면, 부활을 붙잡으라!

그래서 부활은 우리를 모든 얽매임에서 자유하게 합니다. 죄와 죽음이 그 위력을 발휘하는 한 인간의 생은 이 땅의 것에 좌우될 수밖에 없습니다. 이 땅의 것들이 때로 크게 혹은 너무 선명하게 보일 때는 '세속주의'를 추종하지 않고 거부하기가 대단히 어려워집니다. 이럴 때 신앙인이 쉽게 취하는 것이 '혼합주의'입니다. 세상 것도 따르고, 하나님도 따르고!

세속주의는 부활의 메시지가 약해진 곳에서는 언제나 그 힘을 발휘합니다. 때로는 교묘하게, 때로는 아주 당당하고 거세게 하나님의 세계를 침투해 들어옵니다. 처음에 언급한 대로 '부흥주의'

는 일종의 세속주의입니다. 부활로부터 나오는 선명한 삶의 기준이 없어진 상태에서 하나님의 바람과 인간의 바람이 교묘하게 혼합된 것이 부흥주의입니다. 하나님의 것인 교회와 인간의 것인 많은 것과 멋진 것의 추구가 혼합되면, 부흥주의가 태어납니다. 교회에 사람과 자원이 많아지는 것이 곧 하나님이 바라는 것이라고 생각하면서 인간의 바람을 하나님의 바람이라고 변장시켜 놓는 것입니다.

⛪ 부활이란 프리즘

또 부활은 죽음 이후의 삶에 대한 깨달음이므로 성도들에게 삶에 대한 새로운 가치관과 관점을 제공해 줍니다. 그리고 죽음 이후의 삶에 대한 소중함을 알게 함으로 죽음을 염두에 둔 새로운 가치 체계를 세웁니다. 부활을 인정하지 않는 사람들도 죽음을 생각하면 현재의 삶의 방식이 달라지게 됩니다. 하물며 부활에 대해서 제대로 알게 되면, 인생의 가치관과 삶의 방식이 크게 달라지는 것은 당연한 것입니다.

성도라고 자칭하면서 현실적인 것에 지나치게 얽매여 살고 있다면 부활의 능력을 모르는 유치한 신앙 단계에 있는 것입니다. 부활의 의미를 깊이 알아가는 것은 참된 부흥의 모습입니다. 왜냐하면 부흥에는 '죽어야' 나타나는 것들이 있기 때문입니다. 마치 부활의 체험과 같이 죽을 때 왕성해지는 것이 참된 부흥의 본질적인 요소입니다. 여기서 죽어야 하는 것은 자기중심적인 욕망입니다.

부활이라는 윤리 교본

성도들 중에는 신학보다는 실천을 강조하는 분들이 종종 있습니다. 신학을 논리로만 하다 보면 오히려 신앙에 장애가 되며, 논쟁에 힘을 다 써서 어떻게 사는가에는 별다른 노력을 기울일 힘을 잃게 되기도 합니다. 실천은 중요합니다. 그러나 '실천만' 강조하다 보면 방향성이 없는 실천도 생기고, 실천해야 하는 근본적인 이유도 생각하지 않는 현상이 생기기도 합니다.

꼭 알아야 할 것은 우리의 지혜로는 하나님이 기뻐하시는 윤리적인 삶을 살 수 없다는 것입니다. 성도가 윤리적인 삶을 제대로 살려면, 그 힘을 부활의 메시지에서 찾아야 합니다. 부활의 메시지는 성도들에게 이 세상에서 지극히 윤리적이며 도덕적으로 살아야 할 이유를 가르쳐 줍니다. 이 세상을 천국을 위한 준비 장소로 이해하기 때문입니다. 심판을 준비하는 장소란 뜻입니다.

그런데 천국이 이미 도래하여 우리 가운데 있기도 합니다. 우리는 이것을 누리며 살기 때문에 세상의 법을 떠나서도 하나님의 도리에 맞게 살게 됩니다. 성도는 누구보다도 도덕적으로 바르게 살아야 합니다. 이 땅에서 부활 이후의 삶을 준비하는 최고의 방식은 이 땅에 도래한 천국을 맛보며 그 시민으로 사는 것이기 때문입니다. 부활 이후에 맞을 천국이 이미 이 땅에 실현되어 있기 때문입니다. 만약 삶이 이 땅에서만 끝난다면, 급할 때 살짝 눈을 감고 세상을 속일 수도 있을 것입니다. 나와 내 가족의 편안을 위해서 잠시 윤리를 접어두는 것도 가능하다고 유혹받을 것입니다.

그러나 성도가 끝까지(망하더라도) 윤리적으로 사는 이유는 심판이 두려워서만이 아니라, 성도들에게 이 땅은 이미 도래한 하나님의 통치가 있는 곳이기 때문입니다. 성도가 비윤리적으로 사는 것은 하나님의 통치를 거부하는 것입니다. 따라서 부활의 메시지는 성도가 종말을 기대하면서도 다른 한편으로 그들이 현실을 도피하듯 살지 않도록 삶의 방식을 교정해 줍니다.

부활과 하나님 나라

부활의 핵심 교훈 중 잊을 수 없는 것은 부활하신 주님의 '통치'입니다. 부활하신 예수님은 하늘 보좌 우편에서 세상을 다스리시고 계십니다. 부활하신 예수님의 통치를 받는 것은 시간과 공간을 초월하여 그분과 함께하며, 동행하는 것입니다. 부활의 메시지가 바로 전달되는 곳에는 엄청난 힘으로 소생되는 심령의 부흥이 나타납니다. 부흥이란 결국 예수의 부활, 곧 하나님의 통치를 맛보고 그 안에 기쁘게 머물러 있는 것입니다.[6]

부활의 메시지는 걸림돌이다

사도행전의 역사를 살펴보면, 부활의 메시지만큼 기독교의 독특성을 세상 앞에 선포하며 세상의 관심을 끌고 또 세상 사람들에게 충격을 주었던 메시지가 없었습니다. 부활의 메시지는 유대인들 사이에서도 큰 이슈가 되었습니다. 부활이 있다고 믿는 바리새

---

[6] 사도행전을 세밀히 읽어 보면 부활과 하나님 나라에 대한 흥미로운 사실을 발견하게 됩니다. 사도들은 기회가 되면, 주저없이 부활에 관한 설교를 했습니다. 그런데 여러 날을 머물면서 '장기' 목회를 할 때는 '하나님 나라'를 그들 메시지의 주제로 삼았습니다. 에베소, 로마 감금 상태가 그 예입니다. 부활의 메시지는 결국 하나님 나라를 선포하는 메시지와 같은 것입니다.

인들과 없다고 확신하는 사두개인들 사이에 종종 갈등이 생긴 것을 보면 됩니다. 또 무신론자들이나 불가지론자들 사이에서도 부활은 때로 충격적이며, 흥미로운 메시지였습니다.

그런데 바울은 '악인의 부활'에 대한 설교도 합니다. 이는 심판에 대한 강력한 도전의 메시지였습니다. 부활은 믿는 사람에게는 큰 은혜의 선물이지만, 불신자들에게는 섬뜩하도록 두려운 경고입니다. 부활의 메시지는 걸림돌입니다. 믿지 않는 자들이 부대끼며, 걸려서 넘어지게 되는 것입니다. 성경 용어로 이런 걸림돌을 '스캔들'이라고 합니다. 이해가 되지 않아 사람들을 넘어지게 만드는 것이면서, 동시에 넘어진 사람들이 이 메시지를 깨닫게 되는 반전의 기회를 주는 것이며, 나아가 끝까지 깨닫지 못하는 사람에게 있을 비참한 최후에 대한 심각한 메시지란 복합적인 의미입니다.

⛪ 나눔과 참된 부흥(세 번째 인디케이터/지표)

참된 부흥을 가리키는 지표 중에는 '나눔'이 빠질 수 없습니다. 예루살렘 초대교회 부흥 이야기에서 가장 신기한 변화는 '자신의 재물을 자기 것이라고 주장하는 사람이 하나도 없었던 것'입니다. 이들은 자신의 물건을 서로 나누어 썼고, 또 재산을 팔아 그 값을 사도들의 발 아래 두었으며, 사도들은 이것을 필요한 사람들에게 나누어 주었습니다. 그 결과 아무도 핍절하지 않았습니다. 여기에 기록된 나눔은 천상의 것입니다.

⛪ 살짝 커튼을 열고 보여주신 천국의 모습

2006년 초가을에 저희 교회는 그리스 고린도와 발칸 반도에서 선교하시는 선교사님들의 사모님만 20분을 초청하여 수련회를 가졌습니다. 사모님들이 힘을 얻어야 선교지가 힘을 얻는다는 생각에 아이들과 가정 일을 모두 남편에게 맡기고 사모님들만의 시간을 마련해 주고 싶었습니다. 모임의 분위기는 '친정'을 느끼도록 하는 것이었습니다. 이 모임이 얼마나 효력이 있었던지 소위 '수련회 약발'이란 것이 1년 동안이나 지속되었다고 합니다. 그리고 저는 졸지에 20명 사모님들의 친정 오빠가 되었습니다. 저보다 나이가 많은 사모님들도 저를 오빠라고 주저 없이 불렀습니다.

이 수련회에 참석하신 사모님 중에 코소보에서 힘겹게 사역을 하다가 오랜만에 문명권(?)에 나들이한 분이 계셨습니다. 그리스에 도착해서 호텔에 체크인을 하고 더운 물 나오는 것이 얼마나 좋던지 샤워를 세 번이나 했다는 사모님의 웃음 어린 인사에 우리의 콧등이 시큰했습니다. 이 사모님은 수련회 후에 주신 이메일에서 다음과 같이 썼습니다. "이번 수련회는 하나님이 나를 위로해 주시려고 커튼을 살짝 열어 천국을 보여주고 다시 닫으신 것 같아요."

죄를 이기는 나눔

예루살렘 초대교회에 부흥이 있어 서로 나눔으로 핍절함이 없어졌던 사건은 하나님께서 우리 모두에게 '천국은 이런 곳이다' 하고 커튼을 살짝 열고 보여주신 것과 같습니다. 분명 이때의 나눔은 천상의 나눔이었습니다. 그래서 이 나눔 속에서 우리는 깊은 신학적인 의미를 찾아낼 수 있습니다.

죄의 결과는 단절입니다. 죄는 소유욕을 통하여 인간을 지배합니다. 소유에 관해 욕심이 생기면, 이 욕심은 필연적으로 갈등을 불러오고, 결국 싸움과 단절을 낳습니다. 이렇게 죄가 있는 곳에는 핍절함이 찾아옵니다. 싸움에는 영원한 승자가 없고, 잠시 이겨서 남의 것을 빼앗았든, 져서 나의 것을 빼앗든 결국에는 모두가 상처를 받고 끝납니다. 내 것을 보호하기 위해 남을 의심하고 경계해야 하며, 빼앗기지 않기 위해서 더욱 단단한 성벽을 쌓아 남(혹은 적)과 단절해야 합니다.

어릴 때 보았던 코미디에서 배운 나눔의 교훈입니다. 지옥과 천국의 차이를 보여주는 코미디였습니다. 사람들의 팔꿈치가 모두 접히지 않는 상태에 있었습니다. 천국에서는 이런 부작용이 문제가 되지 않았습니다. 왜냐하면 팔을 굽힐 수 없어 혼자의 힘으로는 아무것도 먹을 수 없지만, 서로 먹여주기 때문에 장애가 없는 것과 마찬가지였습니다.

하지만 지옥은 달랐습니다. 각자가 자기의 음식에 남이 손을 대는 것을 일체 허락하지 않았습니다. 내 것은 나만 움켜쥐고 남에게 맡기지 않았고, 굽혀지지 않는 팔로 스스로 먹으려 하니 먹을 방법이 없었습니다. 그래서 모두들 굶주릴 수밖에 없었습니다. 지옥이란 이런 곳이라는 풍자였습니다. 지옥이 핍절한 것은 자원이 없어서가 아니라, 나눔이 없기 때문이라는 교훈을 배웠습니다.

나눔에는 특별한 힘이 있습니다. 만약 나눔이 내 것을 나만의 것이라고 주장하지 않는 성령의 교훈을 따르는 것이라면 그 힘은 대단합니다. 그리고 나아가 '성령이 이끄는 나눔'이 참된 부흥 속에서 일어나서 '모두가 함께' 이런 나눔에 온전히 참여한다면, 그 능력은 가히 죄의 권세를 이기는 것입니다. 죄의 권세는 단절이며 죽음입니다. 단절은 곧 핍절을 가지고 옵니다. 죽음은 핍절의 최종 단계입니다.

　죄가 이 땅에 들어온 이후 사람들에게는 부족함이 생기기 시작했습니다.[7] 모자람 때문에 다툼이 생겼고, 남을 정복하여 빼앗으려는 욕심이 생겼습니다. 핍절은 하나님이 계시지 않는 곳의 모습을 특징짓는 용어입니다. 수고하여 많이 생산한 것 같은데, 실제의 느낌은 계속 모자라는 것입니다. 핍절해진 사람들은 '좀더(more)'를 외치기 시작합니다. 아무리 소유하여도 그 마음은 계속 핍절하게 되고 삶의 자리는 점점 지옥으로 변해 가는 것입니다.

　나눔이 중요한 것은 인간의 근본적인 죄성인 '나만의 것'이란 그릇된 소유욕을 이기는 길이기 때문입니다. 이를 통해서 죄의 근본적인 결과인 '핍절'[8]을 이겨냅니다. 여러 사람들이 함께하는 순전한 나눔은 참된 부흥의 인디케이터입니다. 참된 부흥이 있는 곳에는 하나 되어 같은 마음으로 서로 나누는 아름다운 일이 생깁니다.

---

7) 아담과 하와가 타락하기 전, 동산에는 핍절함이 전혀 없었습니다. 하나님은 죄를 지은 아담에게 벌을 내리십니다. "땅은 너로 말미암아 저주를 받고 너는 네 평생에 수고하여야 그 소산을 먹으리라 땅이 네게 가시덤불과 엉겅퀴를 낼 것이라 네가 먹을 것은 밭의 채소인즉 네가 흙으로 돌아갈 때까지 얼굴에 땀을 흘려야 먹을 것을 먹으리니 네가 그것에서 취함을 입었음이라 너는 흙이니 흙으로 돌아갈 것이니라"(창 3:17 하-19).
8) 이 단어는 구조적인 가난이나 상대적인 빈곤의 개념이 아니라, 필요한 것이 너무 많아서 느껴지는 핍절입니다. 쓰임은 참으로 많은데, 자원이 고갈되어 있다고 생각할 때 느끼는 마음의 상태를 표현합니다.

🔔 헌신된 일꾼들(네 번째 인디케이터/지표)

참된 부흥이 있는 곳에는 일꾼들이 나타납니다. 부흥이 만들어 낸 일꾼들은 열정적이며, 기쁘게 자기를 희생하며, 남을 섬기는 일에 항상 열려 있는 사람들입니다. 이들은 어느 누가 강요하지 않을 때도 잘 섬기며 아무런 대가를 바라지 않습니다. 예루살렘 초대교회에는 이런 일꾼들로 넘쳤습니다. 아무도 소유를 팔아 가져 오라고, 이것이 마땅한 것이라고 설교하지 않았는데, 많은 사람들이 자기의 소유를 팔아 사도들의 발 아래 두었습니다. '발 아래 둔다' 는 표현은 사도들이 알아서 마음대로 써달라는 철저한 드림의 모습입니다.

일꾼들의 헌신이 참된 부흥의 인디케이터가 되는 것은 부흥이 변화를 일으키며, 변한 사람들이 일꾼이 되기 때문입니다. 부흥이 있는 곳에 변화가 없다면, 양적인 증가일 뿐 참된 부흥이라고 확신할 수 없을 것입니다. 사람들이 하나님의 임재를 경험하면, 큰 변화를 일으킵니다. 부흥은 사람들이 변하는 것을 통하여 이 세상 앞에 그 진가를 드러냅니다. 사람들이 변하여 교회의 일꾼이 되는 것은 참된 부흥의 지표입니다.

🔔 이상적인 교회, 이상적인 성도

이상적인 교회에는 이상적인 성도들이 있습니다. 이상적인 성도들의 헌신 이야기는 참된 부흥의 '인디케이터' 입니다. 사도행전 4장 36-37절에서는 바나바를 이런 헌신된 일꾼의 모델로 제시합니다. 그는 예루살렘 초대교회에 있었던 부흥이 만들어낸 걸작품입니다. 사도행전 4장의 마지막 두 절에는 바나바의 등장이 다음과 같이 기록되어 있습니다. "구브로에서 난 레위족 사람이 있으니 이름은 요셉이라 사도들이 일컬어 바나바(번역하면 위로의 아들이라) 하니 그가 밭이 있으매 팔아 그 값을 가지고 사도들의 발 앞에 두니라."

그의 별명은 권위자(개역한글)였습니다. 권면하고 위로한다는 뜻입니다. 부흥이 있는 곳에는 진정한 위로가 넘칩니다. 이 위로는 사람을 통해서 올 때가 많습니다. 바나바 또한 많은 성도들과 같이 밭을 팔아 사도들의 발 아래 두었습니다. 나눔을 통한 참된 부흥을 실천하던 무리 가운데 두드러진 한 사람이었다는 뜻입니다. 왜 그의 나눔이 눈에 띈 것일까요? 성경을 좀더 자세히 읽어봅시다.

바나바의 고향은 구브로였습니다. 그리고 레위족이었다고 합니다. 그가 판 밭이 어디에 있었을까 생각해 보면 흥미롭습니다. 아마도 그의 밭은 고향인 구브로에 있었을 것입니다. 남들이 다 밭을 팔 때도 얼마든지 안 팔고 없는 척할 수 있었을 것입니다. 또 그는 레위족 사람이었습니다. 1세기 당시 레위인들도 재산 소유가 가능했다는 견해가 있지만, 얼마든지 이런 출신 배경은 밭을 팔지 않을 이유로 삼을 수 있었을 것입니다. 성경이 그의 배경에 대해서 쓰고 있는 것은 간접적으로 그의 헌신이 얼마나 자발적이고 순수한 것이었나를 보여줍니다. 부흥을 경험하고 부활의 메시지를 아는 일꾼들의 전형적인 모습입니다.

⛪ 바나바 vs 아나니아와 삽비라

바나바의 온전한 헌신은 사도행전 5장에 나오는 아나니아와 삽비라의 거짓 헌신과 대조를 이루고 있습니다. 바나바와, 아나니아와 삽비라 부부는 모두 밭을 팔았습니다. 바나바는 밭을 판 것의 전부를 온전히 사도들의 발 아래 두었고, 아나니아와 삽비라는 판 값의 일부를 감추고 나머지를 가져왔습니다. 누구도 그들에게 밭을 팔라고 강요한 적은 없었습니다.

그런데 여기서 이들이 팔았던 밭의 크기가 흥미롭습니다. 바나바가 판 것은 꽤 큰 밭이고, 아나니아와 삽비라가 판 것은 작은 텃밭이었습니다. 헬라어는 이 두 밭을 각각 다른 단어로 표현하고 있습니다.[9] 바나바가 판 밭은 '아그로스' 란 단어로, 아나니아와 삽비라가 판 밭은 '코리온' 이란 단어로 기록되어 있습니다. 전자는 큰 밭을, 후자는 작은 텃밭을 의미합니다. 사도행전은 부흥의 일꾼과 부흥의 일감을 나란히 소개합니다. 온전한 헌신이 부흥의 도구였다면, 거짓 헌신은 부흥의 걸림돌이 됩니다.

부흥의 걸림돌 0순위

부흥에 찬물을 끼얹는 가장 많은 현상이 '척하는 일꾼' 들의 등장입니다. 자기를 세우기 위한 열의가 대단한 사람들이 문제입니다. 어떻게 보면 교회에서 가장 순종적이며, 열심히 일하는 것 같은 사람이 문제일 때도 종종 있습니다. 이들이 순종하는 이유는 사람들로부터(특히 리더로부터) 인정을 받기 위함입니다. 이들은 원래 교회의 본질에 관심이 없으므로 별로 소리내어 교회가 바르지 못한 것에 대해서 비판하거나 가슴 아파할 이유가 없습니다.

그래서 조용합니다. 열심도 자기 열심이 아닌지 판단해 보아야

---

9) 한규삼, 《사도행전》, 84-87.

합니다. 그저 성격이 남보다 열심 있는 편이라 신앙과 관계없이 내는 열심도 있고, 나에게 유익한 어떤 것을 얻기 위한 자기 열심도 있습니다. 아나니아와 삽비라가 이런 '척하는 일꾼'의 모델입니다. 이들은 남들이 다 밭을 파니까 체면상 한 것입니다. 그래서 아깝게 느껴졌습니다. 작은 것을 하면서도 아까워 자꾸 이런 생각이 드는 것입니다. '괜히 했나?' '너무 많이 한 것은 아닌가?'

예루살렘 교회의 부흥 이야기

사도행전 4장 32절에서 35절은 처음 교회의 부흥 이야기에 관한 요약입니다. 어쩌면 인류의 역사상 이런 부흥은 또다시 나타나지 않을지도 모릅니다. 그렇다면 이 부흥의 이야기는 하나님께서 천국의 모습을 이 땅 위에 살짝 보여주셨다가 거두심으로 우리가 바라보는 영원한 나라의 맛을 미리 보게 하신 것이라고 볼 수 있습니다.

우리는 예루살렘 교회의 부흥 이야기를 통해서 꼭 배워야 할 것이 있습니다. '왜 이런 부흥을 주셨느냐'는 것입니다. 모든 부흥에는 목적이 있습니다. 우선 부흥은 무리가 다함께 자기의 것을 모두 내려놓고 신실하게 나눔으로 엄청난 자원이 만들어집니다. 핍절한 사람이 하나도 없게 됩니다. 부흥은 교회로 하여금 이런 자원을 멋지게 사용하여 세계선교를 이루려는 목적을 가지고 있습니다. 하나님은 개교회의 유익을 위하여 부흥을 허락하시지 않습니다. 그 교회를 통하여 땅끝까지 복음을 전하기 위한 주님의 영향력과 응집된 자원이 흘러가길 바라셨던 것입니다.

공교롭게도 예루살렘 교회는 이 사명을 이루지 못했습니다. 어쩌면 이 사명을 제대로 이해하지도 못했는지 모릅니다. 그래서 스데반을 통한 박해가 있었고(행 7장) 많은 제자들이 다른 곳으로 뿔뿔이 흩어졌습니다. 이들이 세운 교회 중에 안디옥 초대교회가 있었고, 이 안디옥 초대교회가 세계선교를 위하여 두 지도자인 바나바와 바울을 파송합니다. 바나바는 예루살렘 교회의 부흥이 낳은 일꾼이었고, 예루살렘 교회의 부흥에 기여한 하나님의 사람이었습니다.

스데반의 박해 때 교회를 지켰던 12사도들은 후에 요한을 제외하고는 모두 예루살렘 밖으로 나가서 선교사가 됩니다. 사도행전에는 이런 12사도의 선교 이야기는 기록되어 있지 않지만 예루살렘 초대교회의 부흥과 쇠약을 통하여 우리는 부흥을 향한 하나님의 일관성 있는 목적과 기대가 선교에 있음을 배우게 됩니다. 부흥은 지역에 미치는 영향력을 담장 너머로 펼쳐서 타문화권까지 복음이 선포되게 합니다.

초대교회 이야기 2

국제도시의 한복판에서 있었던 이야기

사도행전 11장 19-24절

그 때에 스데반의 일로 일어난 환난으로 말미암아 흩어진 자들이 베니게와 구브로와 안디옥까지 이르러 유대인에게만 말씀을 전하는데 그 중에 구브로와 구레네 몇 사람이 안디옥에 이르러 헬라인에게도 말하여 주 예수를 전파하니 주의 손이 그들과 함께하시매 수많은 사람들이 믿고 주께 돌아오더라 예루살렘 교회가 이 사람들의 소문을 듣고 바나바를 안디옥까지 보내니 그가 이르러 하나님의 은혜를 보고 기뻐하여 모든 사람에게 굳건한 마음으로 주와 함께 머물러 있으라 권하니 바나바는 착한 사람이요 성령과 믿음이 충만한 사람이라 이에 큰 무리가 주께 더하여지더라

두 번째 교회의 설립 이야기

안디옥은 당시의 시리아에 위치했던 지금의 런던, 파리 아니면 동경과 같은 세계 주요 도시였습니다. 1세기에는 세계의 중심 도시마다 유대인들이 크든 작든 무리를 이루어 자리를 틀고 살고 있었고 안디옥에도 많은 유대인들이 살고 있었습니다. 그런데 예루

살렘에 있던 부흥이 박해를 경험하면서 주춤해졌습니다. 우선 사도행전 7장에 기록된 스데반이 순교하면서 생긴 박해이고, 또 하나는 12장에 기록된 야고보 사도가 순교하며 베드로가 투옥되는 박해였습니다. 박해를 통해서 믿는 무리들이 사방으로 흩어졌는데, 복음은 하나님께서 흩뜨려놓으신 이들 유대인들을 통하여 더 빠르고 쉽게 땅끝까지 퍼져갈 수 있었습니다.

그리고 그 첫 단계가 안디옥에 일어났던 부흥입니다. 하나님은 예루살렘보다 더욱 크고 국제화된 안디옥을 택하시고 그분의 새로운 계획을 나타내기 시작하신 것입니다. 하나님은 예루살렘 교회에서 은혜를 받고 흩어진 성도들도 택하셔서, 안디옥에서 복음을 전하게 하시고, 이 복음이 국제적 도시에서 꽃을 피워 예루살렘 교회가 할 수 없었던 일들을 하게 하신 것입니다.

안디옥 초대교회의 부흥

예루살렘에서 도망 나온 성도들은 세계 각지로 흩어졌습니다. 아마 적지 않은 사람들이 자신의 고향으로 되돌아간 것 같습니다. 이들 중 일부는 고향에서 전도를 했지만, 다른 일부는 고향에 잠시 머물다가 다시 새로운 도시로 삶의 터전을 옮겼습니다. 안디옥은 이렇게 떠돌던 성도들에게는 매력적인 곳이었습니다.

우선 안디옥은 예루살렘에서 그리 멀지 않은 약 500킬로미터 정도 거리에 위치해 있었습니다. 이 도시에는 많은 사람과 다양한 문화가 있었고, 이미 정착하여 살고 있는 유대인들이 많아 뒤따라 이주해 오는 새로운 이민자들이 삶의 터전을 마련하기에는 안성맞춤이었습니다. 처음에 이곳에 온 예루살렘 출신 유대인들은 회당에서 유대인들에게만 예수를 전했기 때문에 한동안은 별다른 부흥의 기미가 없었습니다(행 11:19).

그런데 획기적인 사건이 벌어졌습니다. 예루살렘에서 온 성도들 일부가 회당이란 틀을 벗어나 유대인이 아닌 이방인들에게도 복음을 전하기 시작한 것이었습니다. 예루살렘 교회에서는 경험할 수 없었던 일이 벌어진 것입니다. 교회에는 걷잡을 수 없는 부흥이 일어났는데, 사도행전 저자는 이 사건을 아주 간단하게 한 문장으로 표현합니다. "수많은 사람들이 믿고 주께 돌아오더라"(21절). 그리고 이런 기적과 같은 일의 핵심은 '주의 손이 함께하심'이라고 기록합니다.

⛪ 눈에 띄는 사람들

복음을 받아들인 무리들이 많아진 것은 예루살렘에서도 있었던 일이었지만, 안디옥에서 처음 생긴 현상은 이들이 믿지 않는 사람들의 눈에 띄게 된 것입니다. 유대인들은 예수를 믿어도 생활 습성을 크게 바꿀 필요가 없었기 때문에 예루살렘에서 예수를 믿게 된 유대인도 여전히 율법을 지키는 생활을 했습니다.

하지만 안디옥에서 헬라인들이 예수를 믿게 되면서 그들의 삶이 획기적으로 바뀌었기 때문에 사람들은 그들의 변화를 쉽게 인식할 수 있었습니다. 이들의 삶은 주변 사람들과 확실히 구별되었기 때문입니다. 그리고 이런 사람들이 조금 생긴 것이 아니라 동시에 아주 많아진 것입니다. 모든 것을 영적인 눈으로 볼 수 있었던 사도행전의 저자에게 이러한 변화는 놀라운 사건이었습니다.

♦ 부흥의 인프라, 선교의 인프라

예루살렘 교회의 부흥 이야기를 통해서 참된 부흥의 네 가지 인디케이터를 살펴보았습니다. 부흥은 1) 성령의 역사로 믿는 무리의 수가 많아지는 것이며, 2) 부활의 메시지를 통하여 3) 자신의 것을 나눔으로 핍절함이 없어지며, 4) 자신을 드리며 즐거이 희생하는 일꾼이 생긴 것이었습니다.

안디옥에서 두 번째로 생긴 초대교회도 부흥의 축복을 누렸습니다. 안디옥 초대교회는 부흥의 축복을 누렸을 뿐 아니라, 예루살렘 초대교회가 부흥을 누릴 때 하지 못했던 선교를 시작하는 축복도 받게 되었습니다. 한 교회의 부흥이(안디옥) 또 다른 지역에서의 (땅끝 선교) 부흥을 이루는 밑거름이 된 예입니다.

따라서 우리는 안디옥 초대교회의 부흥 이야기를 통해 선교를 위한 '인프라'가 무엇이었는지를 배우게 됩니다. 부흥을 일으킨 결정적인 요소들이 선교를 위한 인프라가 된다는 사실입니다. 이런 선교를 위한 인프라는 결국 예루살렘 교회에서 볼 수 있었던 부흥의 지표들이 다져진 모습임을 알게 됩니다.

♦ 주의 손, 철저한 양육, 일꾼, 선교의 시작

예루살렘 교회 부흥의 핵심에 계셨던 성령께서는 그곳으로부터 흩어진 성도들을 이끌어 새로운 사역을 경험하게 하십니다. 예루살렘 교회의 부흥은 다소 심하게 말하면 실패라고 할 수 있는데, 이는 부흥이 선교로 전환되지 않았기 때문입니다. 하지만 먼저 경험한 실패가 두 번째 부흥을 선교의 '인프라'로 전환시키는 근간이 된 것입니다. 안디옥에서도 예루살렘에서처럼 믿는 무리가 폭발적으로 많아졌습니다. 사도행전은 이들을 '주의 손에 의해 주께 돌아온 무리'라고 합니다. 우리는 '주께 돌아온 무리들'이라는 표현을 통하여 이들이 주께서 인도하시는 대로 움직일 준비가 된 사람들이란 사명감을 예견할 수 있습니다.

또 예루살렘 교회 부흥의 핵심이었던 복음, 곧 부활의 메시지는 안디옥에서는 충분한 기간을 두고 잘 양육된 가르침으로 발전하여 선교의 인프라를 구축합니다. 나아가 예루살렘 교회에서는 자기의 것을 주장하지 않았던 사람들의 즐거운 나눔에 의해 성도들 사이에 있었던 핍절함이 없어졌고, 이렇게 즐겨 나누던 사람들이 부흥의 일꾼으로 세워졌습니다.

그 중 대표적 인물이 바나바였는데, 그가 바로 안디옥 교회의 부흥을 주도한 인물이기도 합니다. 그가 두 교회에서 부흥을 모두 경험하게 된 것은 우연이나 행운이 아니라 성령께서 디자인하신 것이었습니다. 그는 예루살렘 초대교회에서 체험한 부흥을 바탕으로 하여 안디옥 교회의 부흥을 선교의 인프라로 전환하였습니다.

⛪ 신묘막측한 반전의 이야기

안디옥 교회의 부흥 이야기는 예루살렘에 있었던 두 번의 박해 이야기 사이에 있습니다(사도행전 7장과 12장의 박해 사이). 박해 때문에 대부분의 성도들이 흩어졌고, 예루살렘 교회의 존립이 크게 위협을 받고 있을 때 일어난 것입니다. 믿는 이들이 예루살렘에서 흩어질 때의 절망감을 짐작해 보면 마음이 무거워집니다. 하지만 주님의 일은 이렇게 끝나지 않습니다. 가장 절망적일 것 같은 때에 새로운 시작이 일어나는 것입니다. 특히 사도행전 11장과 12장 사이에 떠오르는 교회(안디옥 교회 11장)와 시드는 교회(예루살렘 교회, 12장)의 대조를 보여주는 것입니다.

⛪ 준비 없는 부흥은 없다

부흥은 준비 없이 하루아침에 그냥 일어나는 도깨비 현상이 아닙니다. 부흥은 탄탄한 준비 단계를 거쳐 인프라를 구축하고 그 위에서 피어날 때 만개할 수 있고 또 오래도록 지속될 수 있습니다. 우리는 본문을 통하여 안디옥 교회의 부흥 이야기 속에서 발견되는 부흥이 구축한 인프라를 살펴보고자 합니다. 부흥이 인프라를 형성하여 안정권에 이르면, 이는 선교를 위한 인프라로 전환되어야 합니다.

한 교회의 부흥은 선교를 통하여 또 다른 교회의 부흥으로 촉진됨으로 그 영역이 확장되는 것입니다. 수많은 무리들이 믿고 주께 나오고, 믿는 사람들의 수가 더해지는 부흥의 모습과 함께 우리는 이런 부흥을 이끌어가는 힘이 하나님의 말씀이 흥왕해지는 것임을 알게 됩니다. 말씀을 통하여 헌신한 무리들이 많아짐으로 땅끝 선교의 인프라가 견고해지는 것입니다. 우리는 이런 모델을 안디옥 교회에서 찾을 수 있습니다.

⛪ 첫 번째 인프라 – 선교에 대한 각성

안디옥 교회 부흥의 기반이 되었던 첫 번째 인프라는 예루살렘 교회가 부흥을 제대로 지키지 못했던 아픈(?) 경험일 것입니다. 예루살렘에 있었던 큰 부흥은 그다지 오래가지 못했습니다. 이런 결과에 대한 여러 가지 이유를 추측해 볼 수 있지만, 결국 이것은 하나님의 계획 아래 있었던 것임을 알 수 있습니다. 우리는 이 아쉬운 결과를 돌아보면서 배우는 것이 많습니다.[10]

예루살렘 교회는 수적 부흥을 지속하지 못했던 것 같습니다. 성령께서 수적인 증가를 주실 때에는 그 이유를 분명히 깨달아야 합니다. 모든 교회의 부흥은 땅끝 선교를 위한 것입니다. 이를 위해서 성도들이 잘 모이고, 양육을 받고, 다음 세대를 준비해야 합니다. 커뮤니티를 위해 봉사하면서 교회의 이미지를 좋게 하고 주변과 자연스런 관계를 유지하는 것도 필요합니다. 그러나 그 자체가 최종 목적은 아닙니다. 이는 하나님 나라를 확장하고 견고하게 하기 위한 기초일 뿐입니다.

사도행전은 예루살렘 초대교회가 실패했다고 기록하지 않습니다. 하지만 분명한 것은 박해를 통해서 수많은 사람들이 흩어졌다는 사실입니다. 이를 통해서 우리는 역으로 성령께서는 박해 없이 흩어지기를 원하셨다고 추론할 수 있습니다. 신도의 수가 많아지면, 한 사람의 소중함을 덜 느끼기 마련입니다. 사역자들이 한 영혼의 회심과 그들 영혼의 건강한 정도를 자세히 점검할 기회를 잃기 쉽습니다. 한편 안디옥 교회의 수적 성장은 말씀 공부를 통한 엄격한 훈련과 맞물려 있습니다. 바울과 바나바를 통한 말씀 학습은 예루살렘 교회의 실패를 되풀이하지 않도록 성령께서 지도해

---

10) 사도행전은 예루살렘 교회의 중심성을 지속적으로 보여줍니다. 안디옥 교회가 생긴 이후에도 예루살렘에서 공의회가 열려 이방인 전도의 중요한 과제를 논의했고, 바울은 마지막에도 예루살렘으로 올라간 후 로마로 갑니다.

주신 방법이었습니다.

♰ 두 번째 인프라 – 회심한 무리들

교회가 부흥한 이야기의 중심에는 "주의 손이 그들과 함께하시매 수많은 사람들이 믿고 주께 돌아오더라"(21절)라는 기록이 있습니다. 안디옥 교회의 부흥은 수많은 무리의 회심 이야기입니다. 언뜻 보면, 이는 예루살렘 교회의 부흥에서 본 것 중 하나인 성도들의 수가 증가한 것과 같은 내용입니다.

그런데 안디옥 교회의 이야기에서는 이 무리들이 '주의 손'(곧 성령의 사역)에 의해 주께 더해진 주님의 무리임을 분명히 합니다. 이들은 주님을 위해 부름받은 무리란 뜻입니다. 주님 손에 의해 더하여진 무리들이 주님 손에 이끌려 쓰임받게 될 것을 예견합니다.

신앙을 고백하는 무리들이 많아지는 것이 부흥입니다. 이렇게 많아진 무리들이 주 안에 견고하게 머물러 있으면 이것이 부흥을 위한 강력한 인프라가 됩니다. 흥미로운 것은 이들이 '돌아왔다'는 어휘를 쓴 것입니다. 이들은 처음으로 주 앞에 나온 무리인데, 어째서 이들이 돌아온 것이 됩니까? 여기서 사용되는 원어는 '회심(에피스트레포)'을 가리키는 용어입니다. '돌아왔다'는 뜻은 믿던 신도들이 믿음에서 멀어졌다가 신앙 안으로 돌아왔다는 뜻이 아니라 '회심'(처음으로)하여 세상을 향하던 삶의 목적이 주님을 향하게 되었다는 뜻입니다. 안디옥 교회의 부흥에는 눈에 띄는 회심이 있었습니다. 부흥의 중심에는 회심이 있어야 합니다. 부흥이 준 두 번째 인프라는 회심한 무리들입니다.

회심이 중심이 된 목회

회심을 통하여 주께 나온 무리들은 부흥의 가장 중요한 인프라입니다. 말할 것도 없이 부흥의 진정한 목적은 사람들의 회심입니다. 제가 《오깨》란 책을 쓸 때 마음에 부담이 되었던 것은 회심을 강조하지 않은 목회였습니다. 사단의 입장에서 보면, 평판이 좋은 대형교회가 어쩌면 자기 백성을 숨겨 두기에 가장 좋은 곳이란 생각이 들었습니다. 그곳에 숨겨 두고 가끔 출석하게 하면, 아무도 그를 챙기지 않을 것 같습니다. 이들은 정말 그 교회의 귀퉁이에서 사단의 백성으로 안전하게 보전될 것 같습니다. 교회에 등록하고 적당히 다니면서 적절한 때마다 교회를 비판하면 사단의 입장에서는 자기의 백성을 교회의 전도로부터 보전할 뿐 아니라 하나님의 교회를 뒤흔들 수 있는 멋진 방법도 될 것입니다. 교회가 성도의 회심에 관심을 두지 않는다면, 이런 사단의 계략 앞에 속수무책인 것입니다.

참된 부흥은 그 중심에 회심이 있습니다. 모든 설교는 부흥을 갈망하도록 이끌어야 하며 회심을 일으켜야 합니다. 회심이란 1) 마음에 찔림을 받아 잘못된 것을 바로 인식하고, 2) 마음이 추구하는 방향을 틀고, 3) 삶의 방식과 생의 방향을 틀어 주님을 향해 움직이기 시작하는 것입니다. 현대교회가 부흥을 원치 않거나 잘못된 부흥주의를 추구하는 것은 '회심'이 부흥과 함께 나타나지 않았던 이상한 예들 때문입니다. 세상적인 복을 받는 것에 현혹되어서 혹은 병의 치유 등 외적인 이적에 매료되어서 수많은 사람들이 자신이 원하는 것을 손쉬운 방법으로 얻기 위해 교회에 몰려들었기 때문입니다. 교회의 위치가 좋고, 건물이 아름다우면 당연히

'부흥'한다는 공식도 회심이 중심이 된 부흥만이 참된 부흥이란 성경의 가르침을 외면하게 만들었습니다.

장금휘의 회심

장금휘는 대구에서 유학을 하고 있는 중국 학생입니다. 대한민국의 주요 대학에는 중국에서 온 유학생들이 많습니다. 2009년의 집계에 의하면 약 6만 명의 중국인 유학생이 한국에서 공부하고 있는데, 대구 계명대학에도 약 1,000명의 중국인 유학생이 있습니다. 저희는 2008년 9월 대구 계명대학 교수 선교회의 요청으로 중국인 유학생을 위한 수련회를 주관하였습니다. 약 50명의 학생이 참여하였는데, 적잖은 친구들이 무슨 모임인지도 모르고 참석했습니다. 하지만 수련회가 끝날 무렵에는 대부분의 학생들이 기독교에 대해서 관심을 갖고 성경을 읽고 교회에 참석해 보겠다는 결의를 표현하고 마친 알찬 수련회였습니다.

이 수련회 중에 한 학생이 안수기도를 청했습니다. 둘째 날 설교를 마친 후였는데, 늘 머리가 혼란스럽고 우울증 기운이 있어 학업이 어렵다고 했습니다. 학점은 모두 C, D 그리고 가끔 F도 받았다고 합니다. 저와 단원들이 함께 안수기도를 했습니다. 그런데 이 안수기도가 문제가 되었습니다. 너무 열정적으로 했기 때문에 이제 막 마음을 열고 기독교에 깊은 관심을 보이던 몇몇 친구들이 우리가 기도하는 모습에 너무 놀라서 열렸던 마음을 닫게 되었습니다. 득보다 실이 많은 것처럼 보였던 경험이었습니다.

그런데 다음 해에 있었던 수련회에 장금휘 학생이 또 참석했습니다. 대단히 큰 변화를 보이면서 말입니다. 대학교 4학년이 된 장금휘 학생은 이제 낙제생이 아니라 장학생이었습니다. 지난 학기에 전부 A학점을 받았다고 합니다. 수련회 참석도 '도우미'로 온 것이었습니다. 얼마나 성실하게 수련회를 도왔는지, 거의 잠을 자지 않고 24시간 풀타임으로 잡일을 도맡아했습니다. 피곤해야 하는 시간에도 그의 눈에는 집중력과 총기가 있었습니다. 그에게 인생은 살 만한 것으로 보였습니다. 계명대학 교수님들은 그가 지난 1년 동안 가장 확실히 변한 학생이었다고 합니다. 그는 지금 중국 학생 신우 모임의 주축입니다. 그의 마음은 온전히 주님께 돌아와 있었습니다. 성령께서 그에게 손을 댄 것입니다.

대구 계명대학의 중국인 유학생들 사이에 작은 부흥이 있었습니다. 기자들이 놀라서 취재할 정도는 아니었지만, 하늘에는 그들로 인한 축제와 큰 기쁨이 있었음을 확신합니다. 부흥이 있는 곳에는 하나님의 손에 의해서 하나님께로 돌아오는 회심에 대한 간증들이 이어집니다.

♟ 세 번째 인프라 – 유대인과 헬라인의 구별 없이

어떤 실패가 '나와 세상' 사이에 담을 쌓고 단절을 가져오면, 그때 나는 진짜 실패한 것입니다. 반대로 실패를 통해서 내 안에 있는 '단절'이란 벽이 허물어지면, 반전의 계기를 만든 것입니다.

유대인들은 구별을 좋아하는 사람들입니다. 이들의 사고 속에 자리잡고 있는 '선민의식' 때문입니다. 유대인들은 자기들이 중심에 있으며, 누구든지 그들에게 와서 그들처럼 되겠다는 서약을 하면 그들의 일부로 받아주었지만, 먼저 다가가서 여호와를 전도하는 일에는 열심을 내지 않았습니다. 그들은 율법을 철저히 지켰고, 율법을 잘 지키는 삶을 통해서 율법이 지배하는 사람들이 얼마나 우수한가를 보이려 했습니다.

예수를 믿은 유대인들은 자신이 믿은 복음을 전할 때 이방인들보다는 유대인들에게 먼저 전했습니다. 문화와 언어의 편리함 때문만이 아닙니다. 유대인적인 삶의 방식이 자리를 잡고 있는 일종의 구별의식 때문이기도 합니다. 예루살렘을 떠나 처음 안디옥으로 온 예수를 믿던 유대인들도 회당에서 동족에게만 예수를 전했습니다. 그런데 그동안에는 일어나지 않던 부흥이 주변의 헬라인들에게 복음을 전하자, 이들은 정말 기다렸다는 듯이 복음을 받아들였고 놀라운 부흥이 일어났습니다. 하나님께서 준비해 두신 당신의 구원계획은 이렇게 처음으로[11] 이방인들 다수를 향하여 열리기 시작한 것입니다.

중국 선교 이야기

제가 LA에서 교회를 섬기는 동안 중국의 한 도시에서 공부하고 있는 조선족[12] 대학생들을 찾아가서 선교하였습니다. 이 선교를 5

---

11) 사도행전의 기록을 보면, 복음이 이방에게 가장 먼저 전해진 장소는 사마리아입니다. 그리고 고넬료 사건도 이방에 복음이 전해지는 데 중요한 역할을 합니다. 하지만 사도행전은 헬라인들의 다수가 유대인과 똑같은 수준으로 예수를 믿어 유대인들과 함께 같은 교회를 이룬 부흥의 이야기는 안디옥에서 처음 있었다고 기록했습니다.
12) 조선족이란 중국에 살고 있는 한국 사람을 말합니다. 이들은 중국 땅에서 태어나서 중국 국적을 가지고 중국인으로 살지만, 어려서 조선족들만이 모여서 사는 지역에서 한국어로 교육을 받았기 때문에 한국말을 중국어만큼 잘합니다. 이들이 태어나 성장한 곳은 연변 조선족 자치 지역을 포함하여 중국 동북쪽에 위치한 세 개의 성입니다. 즉 요녕성, 길림성, 흑룡강성입니다.

년간 계속하였는데, 그 방법은 매년 1회 그들을 위해 수련회를 인도하는 것이었습니다. 이들 중에는 5번 모두 참여한 의과대학 학생들이 있었고[13], 3회 이상을 만난 학생들이 상당수 있었기 때문에 우리는 이 학생들과 꽤 깊은 정이 들었습니다. 지금 이들은 졸업하고 중국 각 지역과 한국에 흩어져 있습니다.

한때 조선족 학생들이 몰려오던 이 대학교에 몇 년 뒤부터는 조선족 학생들이 입학하지 않게 되었습니다. 조선족 학생들이 줄자 우리는 매년 인도했던 수련회를 접어야 한다는 생각을 하게 되었고, 마지막 수련회를 기획하였습니다. 그 수련회에는 공교롭게도 한족[14] 학생들이 13명 참석했는데, 사실 이들은 우리의 관심 밖이었습니다. 통역도 제대로 준비되지 않아 조선족 목사님 한 분이 13명을 대상으로 어렵게 통역을 하셨습니다.

그런데 놀라운 사건이 생겼습니다. 마지막 밤에 결단의 시간이 있었는데, 한족 학생 중에서 6명이 세례를 받겠다고 나선 것이었습니다. 아무도 이들에게 세례에 대해서 소개하지 않았고, 세례를 받아야 하는 이유에 대해서도 말하지 않았는데 조선족 학생들을 위한 콜링(calling)의 시간에 성령께서 이들을 강권하신 것입니다.

다음날 아침에 있었던 세례식은 이들로 인하여 울음바다가 되었습니다. 그리고 몇 달 뒤에 감격스런 소식을 들었습니다. 이들 6명이 전도한 한족 학생들이 교회를 꽉 채웠고, 더 이상 교회에 앉

---

13) 중국의 의과대학은 5년제로 한국보다는 1년, 미국보다는 3년이 짧습니다.
14) 중국인을 인종적으로 부른 말입니다. 중국은 한족과 소수민족으로 구성되어 있습니다. 한족은 전체의 92%인 주류민족으로 약 11억 명으로 추산됩니다. 중국은 54개의 소수민족으로 구성되어 있습니다.

을 자리가 없다는 것입니다. 이 교회는 지금 2부 예배를 드리고 있습니다. 이 교회는 한족 대학생이 주축이 된 아주 활발한 교회로 변했습니다. 그리고 우리에게서 먼저 훈련을 받은 조선족 학생들과 6명의 첫 한족 세례 교인들이 리더로 섬기고 있습니다.

부흥의 모델

사도행전이 보여주는 부흥하는 교회의 모델은 헬라인과 유대인 사이에 구별이 없어진 것입니다. 복음이 이런 담을 무너뜨리고 뛰어넘었을 때 부흥이 일어났습니다. 안디옥 교회가 그랬고, 바울의 선교에서도 마찬가지였습니다. 바울이 오래 머물면서 선교한 도시가 둘 있었는데, 고린도와 에베소입니다. 이 두 도시에서 바울은 유대인과 헬라인에게 구별을 두지 않고 선교를 했습니다.

고린도의 경우 바울은 초기 선교에서 어려움을 겪고 떠날 생각을 합니다. 그때 계시를 받았는데, 주님은 '이 성에 내 백성이 많다' 고 하셨습니다(행 18:10). 성경이 헬라인을 '내 백성' 이라고 칭한 첫 번째 장소입니다. 고린도에서 바울이 헬라인에게 거침없이 복음을 전하자 놀라운 열매가 맺혔습니다. 에베소에서도 회당 사역을 접고 두란노 서원에서 모든 헬라인들에게 하나님의 말씀을 가르치자, 선교의 문이 활짝 열려 아시아 전체가 이들을 통해서 복음을 듣는 선교의 대역사가 일어난 것입니다(행 19:9-10).

안디옥 교회가 가졌던 부흥은 유대인과 헬라인의 구별이 없어지는 사건을 통해서 세계 선교의 인프라를 구축했습니다. 수용성이 탁월한 교회가 부흥을 맛봅니다. 배타적이며, 전통을 보수하려는 생각에 젖어 있으면 일부 리더들은 편할지 모르지만, 부흥은 일어나지 않습니다. 부흥이 있어야 선교의 인프라가 구축됩니다. 잘 섞이면서도 자신의 맛을 선명하게 드러내는 것은 회심한 성도들의 특징입니다. 마치 소금물과 같습니다.[15] 섞이는 것 자체가 목적이 아닙니다. 이는 수단이며 방법일 뿐이고, 목적은 따로 있습니다. 세상 속에서 '희석되는 섞임'이 아니라, 소금물처럼 세상으로 '침투하는 섞임'입니다.

서로의 다양성을 수용하는 것이 부흥의 준비입니다. 그런데 이 준비는 좀 아프기도 하고, 어색하기도 하며, 때로는 무질서해 보이기도 합니다. 부흥이 일어날 때 다소간의 무질서가 따라오기도 합니다. 그러나 성령에 의해서 부흥이 주도되기에 이 무질서는 결코 혼란스럽지 않습니다. 오히려 성령께서 주시는 자유함이 현존하는 제도의 틀을 넘어 사람이 계획할 수 없는 일을 보게 하고 또 하게 합니다. 사람의 손이나 제도가 아니라 성령께서 자유로이 역사하심을 인정하고 경험해 보는 것은 부흥과 선교의 인프라입니다. 너무 꽉 짜여 있는 제도나 계획성에 지나치게 충실한 교회는 영적인 부흥을 맛보거나 선교의 부흥을 이루는 것에는 별 힘을 쓰지 못하는 경우가 많습니다.

⛪ 네 번째 인프라 – 한 사람의 역할

바나바는 참으로 복된 사람이었습니다. 그는 예루살렘 교회와 안디옥 교회 부흥의 주역입니다. 사도행전은 바나바를 통하여 예

---

15) 바다는 전체 지구의 71%이고, 바닷물의 염도는 3.5% 그리고 평균 깊이는 3,800m입니다.

루살렘의 부흥과 안디옥의 부흥이 연결된 사건으로 소개하고 있습니다. 한 사람이 두 번에 걸친 놀라운 사건의 주역이 됨으로 예루살렘 초대교회와 안디옥 초대교회의 부흥이 서로 연결되어 있는 하나님의 계획임을 드러냅니다. 바나바를 통해서 예루살렘 초대교회의 부흥 전통이 계속될 뿐 아니라, 한 단계 더 발전한 부흥의 모델인 부흥을 선교의 인프라로 전환시키는 계속성을 보여주는 것입니다.

예루살렘 초대교회는 안디옥에서 시작된 교회의 부흥 이야기를 듣고 곧바로 바나바를 파견하기로 합니다. 사도행전 4장에 처음 등장하는 바나바는 당시에는 막 예수님을 믿게 된 새성도였는데, 교회를 섬기던 그의 모습이 얼마나 신실했던지 지도자로 급부상합니다. 그는 예루살렘 교회가 회심한 바울을 받아주지 않았을 때 바울 편에서 그를 보증했는데, 교회가 그의 의견을 받아들일 정도로 교회에서 영향력 있는 인물이 되었습니다(행 9:27).

예수살렘 초대교회가 바나바를 안디옥으로 보낸 이유는 그의 영적, 목회적 탁월함 이외에도 그가 구브로 출신이었던 점도 있었을 것입니다. 구브로 출신 사람들이 안디옥 초대교회를 최초로 부흥시킨 주역이었기 때문입니다. 예루살렘 교회가 안디옥에서 있었던 부흥 이야기를 들었다고 합니다. 원어를 직역하면, "이들에 관한 소문이 예루살렘에 있던 교회의 귓속으로 전해지니 그들이 바나바를 안디옥까지 보내니라" 입니다.

이곳에서 사도행전 기자는 '의인화'를 시도합니다. '소문이 귓속'으로 전해졌다고 합니다. 특별히 귀에 솔깃하게 들렸던 소식이었다는 뜻입니다. 가끔 우리는 귀에 쏙 들어오는 소리를 경험합니다. 어떤 소리는 귓가를 맴돌다 없어지지만, 어떤 소식은 귓속으로 쏙 빨려들어 옵니다. 이런 소식에는 적극적으로 반응하게 되어 있습니다. 이 표현을 통해서 사도행전은 성령께서 이 모든 일을 주도하셨음을 보여줍니다.

사도행전이 바나바에 관해 특별히 기록하고 있는 것은 그가 전한 복음의 내용과 그의 성품입니다. 그는 '모든 사람에게 굳은 마음으로 주께 붙어 있으라'고 권했습니다. 여기서 굳건한 마음이란 영어번역으로는 'With purpose of hearts' 입니다. 마음에 뚜렷한 목적을 가지고 주와 함께 머물러(To remain true to the Lord) 있으라고 한 것입니다. 중심에 뚜렷한 목적을 가지고 주와 함께 머물러 있다는 것은 다소 상반된 표현 같을 수 있습니다. 중심에 뚜렷한 목적이 있다면 이를 이루기 위해서 움직여야 할 것 같은데, 주 안에 '머물러 있는다'는 정적인 표현과 잘 맞지 않아 보입니다. 그러나 주 안에 머물러 있겠다는 것이 강력한 의지이며 목적이라고 보면 이해가 됩니다. 주 안에 머물러 있는 성도들이, 그래서 성령의 인도하심을 받는 사람들이 곧 부흥이 만든 인프라인 것입니다.

또 바나바는 착하고 성령이 충만한 사람이어서 큰 무리가 그를 통하여 주께 더하여졌다고 했습니다. 하나님의 사람은 하나님의 성품을 가지고 있습니다. 착함과 성령의 충만함이 바로 그 조건입니다. 하나님의 사람들은 그 사역을 통하여 자기에게 '인간적인' 영향을 받는 사람을 길러내지 않습니다. 오직 '주께 더하도록' 합니다. 그래서 동역에 문제가 생기지 않습니다.

참된 부흥은 주께 더하는 사람들이 많아지는 것이므로 파벌이 생기지 않습니다. 사도행전이 바나바의 성품을 소개한 것은 그를 통하여 주께 더해진 무리들도 같은 성품을 갖게 되었음을 보여주는 것입니다. 부흥으로 회심한 사람들에게는 착함이 회복되고 성령 충만을 체험하게 됩니다.

이렇게 비슷한 하늘의 성품으로 거듭난 사람들이 모였기에 교회에는 조화와 일치가 나타납니다. 이것은 한순간 잠시 일어났다가 곧 사라지는 일시적 현상이 아니라, 부흥하는 교회에서 계속되어 '교회의 성품'을 결정하는 요인이 됩니다. 부흥하는 교회는 착하고 성령 충만한 일꾼들이 세워지는 인프라가 형성됩니다.

다섯 번째 인프라 – 철저한 양육

다섯 번째 인프라는 말씀으로 훈련받은 성도들입니다. 예루살렘 부흥 때에 사도들이 전한 부활의 메시지가 견인차였다면, 안디옥 부흥에서는 바울과 바나바가 1년간 성도들에게 꾸준히 말씀을 가르친 것이 부흥과 선교의 인프라가 되었던 것입니다. 성도들의 심령과 삶에서 다져진 하나님의 말씀은 한 교회의 부흥을 견고하게 하는 자산이면서 동시에 선교의 인프라가 됩니다.

부흥과 선교의 인프라

안디옥 교회의 부흥은 성령께서 디자인한 것입니다. 그리고 이 디자인의 목적은 땅끝 선교입니다. 그래서 우리는 한 교회의 부흥은 또 다른 교회의 부흥을 꿈꾸는 '인프라'라고 정의할 수 있습니다. 성령께서 예루살렘 교회를 통해서 팽창했던 성도들을 흩으심으로 선교가 시작되었고, 새로운 구심점으로 안디옥이 지정되었습니다. 이곳에 이주해 온 성도들은 새로운 교회 패러다임을 경험하는데, 그것은 헬라인과 유대인의 구별이 없어진 것입니다. 이것이 예루살렘에서는 불가능했습니다. 이 새로운 패러다임을 통하여 안디옥 교회의 부흥은 또 다른 이방 지역에서의 교회 개척을 예견합니다. 무리들이 확실한 회심을 통하여 주께 더하여진 것과 이들이 말씀으로 다져진 모습은 이 부흥이 예루살렘 부흥보다 한 단계 발전한 모습임을 보여줍니다. 우리는 안디옥 교회의 부흥 이야기를 통해서 축복으로 받은 부흥을 제대로 사용함으로 오래도록 유지하는 지혜를 배웁니다.

▶ 부록 ◀

바울과 바나바를 파송한 이후의 안디옥 교회는 어찌 되었을까?

재능과 미모 그리고 막강한 물질을 가진 사람의 인생은 오히려 파란만장할 수 있다. 특히 평화의 시대가 아니라 모든 것이 바뀌는 불안정의 시대에는 더욱 그렇다. 오론테스 강가 언덕 위의 안디옥이란 도시는 이런 운명을 가지고 있었다. 안디옥은 그 당시에 기네스북이 있었다면 그곳에 오를 기록 몇 가지를 가지고 있었다. 그 중 하나가 빠른 성장이었다. 로마의 패권자가 된 율리우스 시저는 푸르른 강가 언덕 위의 평온하고 풍요로웠던 작은 마을인 안디옥을 순식간에 세계의 3대 도시로 발전시켰다. 불과 20년 만에 이룬 업적이다. 이런 경이로운 발전은 이후 약 500-600년간 유지된다.

그러나 당시 세계에서 가장 축복받은 땅이었던 안디옥은 적어도 두 가지의 재앙을 끊임없이 맞이한다. 첫째는 외적의 침입이다. 좋은 땅인 만큼 탐을 내는 자들이 많았기 때문이다. 당시 이곳 안디옥은 세계를 제패하는 모든 권력자들이 원하는 땅이었다. 둘째, 자연의 축복만큼 자연의 재앙도 컸다. 옛 고대 도시들을 무너뜨린 주범인 지진이 이곳 안디옥을 수차례 공격했다. 자연의 공격은 인간의 공격보다 더욱 무시무시했다.

로마의 역사학자 스트라보(Strabo)는 오론테스 강 언덕의 안디옥은 예술의 도시였다고 기록한다. 안디옥이 부유해지자 여러 나라의 예술가들이 몰려들었고, 마침 실크로드에 속해 있어 동양의 물품들을 헬라의 세계로 전하는 데 중요한 교량 역할을 했다. 주전 64년 예술의 도시 안디옥은 로마의 직영 도시(colony)로서 로마 제국의 동방 최고 중심 도시가 되었다. 로마의 지배 아래서 이 도시는 더욱 번성한다. 실로 그 성장 속도가 대단하여 불과 20년 만에 로마 동쪽에서는 예술은 물론 무역과 군사의 중심지가 되었고, 인근 지역을 합하면 최대 80만 명의 인구가 살았다고 추정한다.

안디옥은 철학자들과 상인들 그리고 각종 부유층의 달변자들이 득실거릴 뿐 아니라, 한가로이 삶을 즐기는 한량들로 생동감이 넘치는 국제도시였다. 여기에다가 올림픽 경기도 이곳에서 열렸던 기록이 있어 명실공히 수많은 사람들이 한 번쯤 살아보고 싶은 도시였음에 틀림없다. 그러나 안디옥 주민들은 물질적 풍요로움 속에서 곧 향락에 빠져들었고 도덕적으로는 타락한 도시가 겪는 전형적인 길을 가고 있었다.

오론테스 강 언덕의 안디옥에는 유대인들도 많이 살고 있었다. 이들의 유입은 도시 자체가 갖고 있던 자유로움과 타인종에 대한 관대함이 이유이기도 하지만, 주후 70년 예루살렘의 멸망 후 안디옥의 항구인 셀류시아 피에라 항구의 노역을 위해 수많은 유대인을 노예로 끌고 온 사건도 일조한다(이 역사는 우리가 다루는 초기 안디옥 교회 부흥과는 상관이 없다).

안디옥의 유대인들은 일종의 '자치'와 같은 특혜를 누린 듯하다. 이들의 일상생활은 회당을 중심으로 한 유대인의 율법대로 살도록 허락되었을 것이다. 당시 로마 행정부는 지방의 특정 집단의 고유 풍속에 대해 관대했다. 이들이 로마의 공식적인 종교와 정치체제에 방해가 되지 않는다면, 가능한 소수 집단의 고유 풍습을 인정해 주었다. 특히 로마가 유대인들에게 특혜를 주어 유대인들은 맹세나 군무 그리고 공식적인 신성한 존재에 대한 종교적 의례로부터 면제되었다. 또 안디옥의 유대인들은 예루살렘과도 긴밀히 연계되어 예루살렘과 장사나 무역이 성행했고, 성전이 무너지기 전에는 성전에 십일조와 성전세를 정기적으로 드렸다.

필자는 안디옥 교회가 설립된 것을 주후 37년경으로 본다. 초기에 복음을 향하여 폭발적으로 반응했던 헬라 사람들은 당시 안디옥에서 아폴로나 제우스 신을 섬기던 사람들로 이들의 대부분은 안디옥에서 이미 유대교인들을 통해서 여호와에 대해 듣고 그들의 윤리적인 삶에 좋은 마음을 가졌던 사람들이었을 것이란 추측이다.[16] 다만 이들은 유대교가 지향하는 모세 율법에 대한 철저한 준수와 유대인처럼 살아야 하는 삶의 방식을 택할 준비가 되어 있지 않았기 때문에 유대교에 입교하

---

[16] Maria Grazia Zambon and Domenico Bertogli, *Antioch on the Orontes* (Edizion Eteria). 이 책은 필자가 2007년 안디옥 현장 학습을 할 때에 하타이 박물관 앞에서 구입한 영문책이다. Zambon은 이태리 태생의 저널리스트로 수년 동안 안디옥에서 활동했다. Bertogli는 로칼 천주교 신부로 1966년부터 사역을 했다. 이 책은 꽤 학술성이 있는 관찰과 리서치 그리고 분석이 있는, 안디옥의 역사를 훑어볼 수 있는 소중한 자료다. 컬러판으로 잘 만들어진 책인데, 출판사와 출판연도에 관한 정보가 미흡해서 아쉽다.

지 않았을 것이다.

　이들에게 예수의 복음은 쉽게 그리고 크게 어필했다. 이들에게 임한 성령의 폭발적 임재는 율법이 주는 엄격함을 초월하는 자유함과 거룩함에 이르는 새로운 길을 명쾌하게 제시했기 때문이다. 이들에게는 기쁨을 통한 구별됨이 있었다. 율법도 삶을 구별시켰지만, 율법은 한편으로는 지나치게 엄격하며 (음식이나 도덕에 관한 법) 다른 한편으로는 이상스러울(할례와 같은) 정도로 외형적인 구별이었다. 하지만 기독교가 보여준 구별은 하나님께 대한 철저한 믿음과 그의 통치에 대한 간절한 소망, 그리고 인격에서 묻어 나오는 사랑을 통한 자연스러운 구별이었다.

　안디옥 교회의 초대 리더는 바나바였다. 안디옥에 예루살렘 교회를 섬기던 그리스도인들이 도착한 것은 스데반의 박해 후였다. 물론 이전에도 안디옥에 예수를 믿었던 형제들이 있었을 가능성은 높다. 예루살렘에서 온 그리스도인들이 이방인에게도 복음을 전해 교회가 성장하기 시작한 연도를 정확히 추정하기는 어렵지만, 바나바가 도착한 것은 대략 주후 37년 경으로 보면 자연스럽다.[17]

　이후 바나바는 다소에서 바울을 불러들여 약 1년간 가르쳐 제자들이 세상과 구별되도록 하여 그리스도인이란 이름을 얻

---

[17] 이 도시에 교회가 설립될 무렵 인구는 약 50만 명으로 추정되며 이중에는 노예가 약 20만 명 있었을 것이라고 한다 (Zambon, p. 36).

는다. 이때가 대략 주후 39년경일 것이다. 이후 아가보가 예루살렘에 내려와 기근을 예언하는데, 이 예언은 글라우디우스 황제 때 이루어졌다(행 11:28). 글라우디우스 황제의 치세가 주후 41-54년이므로 아가보의 예언은 그 이전으로 대략 주후 40년경으로 보면 된다. 예루살렘에 기근이 왔을 때 안디옥 교회의 모든 성도는 형편에 따라 최선을 다해 구제헌금을 보냈다. 바나바와 바울이 이 헌금을 가지고 예루살렘에 간 것이 대략 주후 43-44년경으로 보인다. 이들은 예루살렘에서 그곳에 있던 마가를 데리고 안디옥으로 돌아온다(행 12:25).

안디옥 교회가 두 리더를 선교사로 파송한 것은 대략 주후 45년경으로 추정한다. 이후 교회는 사도행전 13장 1절에 언급된 세 명의 리더와 다른 리더들에 의해 유지, 발전되었을 것이다. 바나바와 바울이 1차 선교를 마치고 안디옥으로 돌아온 것은 대략 주후 47-48년경이다(행 14:26-28). 이들은 예루살렘회의가 끝나고 얼마를 안디옥에 머물다가(행 15:35-36) 2차 전도여행을 떠난다. 이때는 주후 50년경이며, 육로로 다소를 통하여 갈라디아 지역으로 간다. 2차 전도여행을 마치고 다시 안디옥으로 돌아온 때가 AD 52년경 말로 추정된다. 이들은 에베소에서 뱃길로 돌아온다. 그리고 다음해인 주후 53년경에 3차 전도여행을 다소를 향하여 육로로 떠난다. 그리고 다시는 안디옥 땅을 밟지 않은 것 같다.

베드로가 안디옥에 처음 온 것은 주후 49년 직후였을 것이다. 주후 49년경에 예루살렘에서 공의회가 있었는데, 이 회의

에서 이방인들이 그리스도인이 되었을 때 지켜야 하는 율법의 범위에 관한 결정이 있었다. 예루살렘 공의회는 이방인 회심자의 율법 준수에 관해 관대한 입장을 정립함으로 이방 선교의 물꼬를 터준다. 당시로서는 엄청나게 중요한 결정이었다.

베드로가 안디옥에 왔을 때, 처음에는 이방인들과 자유롭게 교제하다가 야고보파들의 압력(?)으로 이를 꺼린 것에 대해 바울이 정면으로 베드로를 나무란 사건이 있었다. 이 사건이 갈라디아서에 기록되었는데, 이 기록을 통하여 베드로가 안디옥에 있었던 것이 증명된다. 그러나 그가 얼마나 오래 그리고 어느 정도로 깊이 안디옥 교회를 섬겼는지는 알 수 없다.

베드로는 순회 목회자로 나선다. 그 시점은 예루살렘 공의회 이후인데, 어쩌면 갈라디아서에 기록된 내용은 베드로가 안디옥 초대교회에 처음 와서 바로 목회를 한 것일 수도 있다. 이것이 맞다면 이때는 주후 50년 초반일 것이다. 다른 가능성은, 갈라디아서 2장의 배경이 되는 때는 잠시 방문한 것이고, 이후 베드로가 50년대 중반에 다시 안디옥에 와서 감독의 역할을 했는지도 모른다는 것이다. 그리고 이곳저곳을 두루 걸쳐 60년 어간에 로마에 도착했을 것이다.

전승은 베드로가 안디옥 교회의 초대 감독이었다고 한다. 현재 안디옥에는 당시 베드로가 감독으로 섬겼던 것으로 전해지는 교회의 터가 남아 있다. 전승에 의하면, 베드로의 뒤를 이어 안디옥 교회의 수장이 된 인물은 에비디우스(Evidius)였다고 한다. 그러나 그는 감독이란 칭호를 받지 못한 듯하다.

역사가 유세비우스는 이그나시우스를 베드로를 이은 안디옥의 두 번째 감독이라고 한다. '데오포루스'(Theophorus-하나님을 지니고 다니는 사람)란 별명을 가진 이그나시우스 감독은 성전이 무너지고 예루살렘 교회가 크게 수난을 당하던 해인 주후 70년부터 트라잔 황제에 의해 콜로세움에서 맹수의 밥이 되어 순교했던 주후 107년까지 안디옥 교회를 섬겼다. 아마도 이그나시우스 감독의 영향이 길리기아와 시리아 전역의 모든 교회에 미쳤던 것 같다.

그의 순교는 유세비우스의 기록과 감독이 직접 남긴 7편의 편지를 통해서 생생히 증거된다.[18] 이 편지들을 이그나시우스 감독이 시리아의 안디옥에서 로마로 압송되는 과정에서 비록 그가 '10마리의 표범'들에 의해 묶여 끌려가지만,[19] 감독은 머무는 곳에서 그의 손길이 닿는 교회마다 격려하고 분열되지 않고 이단에 물들지 않도록 경계하기를 그치지 않았다.

이그나시우스 감독 이후에는 데오필루스(St. Theophilus)가 169년부터 안디옥의 감독이 되었다는 기록이 있다. 그의 지도 아래서 안디옥에 성경해석학이 크게 발전한다. 이 전통은 알렉산드리아를 중심으로 일어난 해석법과 대조되어 더욱 유명

---

18) 안디옥의 이그나시우스 감독이 썼던 7개의 편지는 1세기 말과 2세기 초의 교회의 모습을 잘 드러내고 있는 귀중한 자료다. 이 편지들은 책상에 앉아 차분하게 쓴 것이 아니라, 힘든 여행을 하는 중에 틈나는 대로 급하게 써 내려간 글들이다. 네 통의 편지는 서머나에서, 세 통은 드로아에서 썼다.
19) 이 표현은 이그나시우스 감독이 직접 사용한 '은유'로 열 명의 악독한 로마 군사를 뜻하는 것이다.

하다. 알렉산드리아를 중심으로 발전한 성경해석법은 성경을 '알레고리'(문자적이고 평범한 의미를 은유적 또는 비유적으로 감추어져 있는 영적 의미를 해석함.)로 푸는 것인데, 이 방법은 너무 주관적으로 치우친다. 반대로 안디옥 초대교회에서 사용하던 해석법은 성경을 문자적으로 푸는 것이어서 초대교회에 건전한 영향을 주었다.

안디옥 교회의 중요성은 박해시대에도 계속되었다. 주후 252-300년 사이 이곳에서 교회의 총회가 열 번이나 열렸다고 한다.[20] 공인 이후 아시아의 대주교는 안디옥에서 집무하였다. 박해의 상징인 디오클레티아누스 황제 때 오론테스 강 언덕의 안디옥 교회 성도들은 큰 수난을 당하지만, 비잔틴 제국 때 다시 번영하면서 아름다운 교회 건물이 늘어갔고 지성인들이 많이 모여 사는 도시가 되었다.

그러나 6세기에 두 번의 엄청난 수난을 겪는다. 주후 523년에 있었던 큰 지진으로 무려 20만 명이 사망했다는 기록이 있고, 페르시아군의 침입으로 도시가 초토화된다. 이후 몇 번씩 이 땅의 주인이 바뀌었다. 새로운 강자가 일어날 때마다 이 땅은 군침의 대상이었기 때문이다. 1516년 오스만 제국의 손에 정복되었다가 1차 대전을 전후해서는 프랑스의 자치령이기도 했다(1918-1939년). 이후 주민들의 투표에 의해 뒤늦게 터키 공화국으로 편입되었다. 따라서 성경의 '수리아 안디옥'은 현재

---

20) Zambon, p. 206.

시리아 땅이 아니라 터키 공화국의 일부다.

시리아의 안디옥에서 태어난 교회사의 빼어난 인물들은 다음과 같다. 바울의 동역자 누가(학자들 중에는 다른 의견을 가진 이도 많다), 바울의 제자 디도, 폴리캅, 콘스탄티노플의 대주교로 황금의 입이라 불리던 크리소스톰 등이다. 안디옥이 고향은 아니지만 1세기 후반부터 안디옥 교회를 섬겼던 중요한 인물 중에는 이그나시우스 주교, 성경을 라틴어로 번역한 수도하는 성자 제롬 (373년에 이곳에서 환상을 봄), 주상 성자 시므온이 있다. 시므온은 안디옥에서 수도원을 시작하여 당시 시리아 전역에서 활발하게 전개되었던 수도원 운동의 창시자다. 그는 주후 459년에 이곳에 묻혔다.

한편 안디옥은 영지주의가 처음으로 발흥하여 교회의 질서와 신학을 어지럽혔던 본고장이기도 하다. 사마리아에서 베드로에게 혼이 난 마술사 시몬이 이곳에서 영지주의를 퍼뜨리며 크게 성행시켰다. 또한 주후 325년 니케아 종교회의에서 이단으로 정죄된 아리우스와 유세비우스도 안디옥을 중심으로 자신들의 교리를 펼쳤다. 이렇듯 이단적 가르침도 있었지만, 안디옥은 7세기에 이르러 도시가 크게 파괴되기 전까지 교회의 중심지역으로 자리를 굳건히 지켜왔다.

초대교회 이야기 3

그리스도인이란 이름이 생긴 이야기

사도행전 11장 25-26절

바나바가 사울을 찾으러 다소에 가서 만나매 안디옥에 데리고 와서 둘이 교회에 일 년간 모여 있어 큰 무리를 가르쳤고 제자들이 안디옥에서 비로소 그리스도인이라 일컬음을 받게 되었더라

♦ 여는 이야기

나폴레옹과 관련된 일화입니다. 어느 날 나폴레옹 장군이 부하들의 막사를 순찰하고 있었다고 합니다. 그런데 부하들이 하는 이야기를 유심히 들어보니 기가 찼습니다. 좀 어리숙한 병졸 하나가 있었는데, 그의 이름이 장군과 같았습니다. 그런데 다른 병사들이 그의 이름을 부르며 놀려대는 것이었습니다. 이들은 동료를 골리면서 실제로는 빗대어서 장군까지 놀리고 있었던 것입니다. 내심 마음이 불편해진 장군은 자신과 같은 이름을 가진 부하를 따로 불렀습니다. 그리고 호통을 쳤습니다. '제대로 하든지, 이름을 바꾸

든지 해라.'

저에게도 비슷한 경험이 있습니다. 고등학교 때였습니다. 저는 당시 반장이었는데, 반장은 떠드는 아이들의 이름을 칠판에 적어 선생님께 알려드리는 일을 해야 했습니다. 하지만 늘 떠들던 학생 한 명의 이름은 정말 칠판에 적기가 싫었습니다. 그 이유는 그 친구의 이름이 존경하는 제 부친의 존함과 같았기 때문이었습니다. 저는 그 친구가 이름을 바꾸든지, 아니면 행실을 바로 하든지 했으면 하는 바람이었습니다.

요즘은 이름을 뜻보다는 예쁜 발음을 중심으로 짓습니다. 좋은 뜻으로 이름을 짓든 예쁜 발음으로 이름을 짓든, 이름이 주는 어감과 이름을 가진 사람의 행실이 맞아떨어지면 참 좋게 보입니다. 반대로 예쁜 이름을 가지고 사회에 물의를 일으키면 왠지 더욱 속이 상합니다. 제가 알던 분 중에 '김구원'이란 분이 있었습니다. 그런데 그분은 구원과는 전혀 무관하게 살고 있었습니다. 그래서 주변 사람들이 그분이 이름을 차라리 바꾸는 것이 낫겠다고 이야기하곤 했습니다.

그리스도인, 아름다운 이름

본문은 그리스도인이란 이름이 생긴 유래에 관한 것입니다. 안디옥 교회에 큰 부흥이 있었고, 이 부흥이 남긴 부산물이 그리스도인이란 이름입니다. 영어로는 크리스천(christian)인데, 이 이름은 참으로 아름답습니다. 그리고 그 유래를 알고 나면 더욱더 사랑하게 됩니다. 오래 전에 교회에서 본문을 중심으로 '그리스도인이란 이름'에 대한 설교를 하였는데, 이후 태어난 몇 명의 아기들이 모두 '크리스천(christian)'이란 이름을 갖게 되었던 일도 있습니다.

그리스도인이란 신약성경의 원어인 헬라어로는 '크리스티아누스'인데, 번역하면 '그리스도에게 속한 사람' 혹은 '그리스도를 따르는 사람' 이란 뜻입니다. 예수님과 비슷한 시대에 살던 수학자요, 철학자인 피타고라스를 따르는 사람을 '피타고리안' 이라고 불렀고, 또 성경에 나오는 인물인 헤롯에 속한 사람을 '헤로디안(헤롯당)'이라고 했던 것과 비슷합니다(막 3:6).

어떤 분들은 헬라어의 '크리스티아누스'가 당시 예수님을 따르던 제자들을 약간 폄하하여 비아냥거리는 의미를 지니고 있다고 주장합니다. 하지만 가장 안전한 해석은 '예수의 사람들(Christ people)' 혹은 '예수에 속한 사람들(people of Christ)'로 보는 것입니다. 이 의미에서 조금 확장을 해 보면, '예수의 종'이란 뜻도 가능하지만, 이것도 다소 무리한 확장인 듯합니다.

분명한 것은 이 이름을 부르는 사람들이나 듣는 사람들 모두 이 이름을 좋게 여겼다는 점입니다. 그리고 어느 시대에 누가 들어도 참으로 존귀한 이름이란 사실입니다. 세상에서 가장 보배로운 '예수'의 사람들이기 때문입니다(벧전 1:19). 문제는 이런 아름다운 이름에 걸맞지 않은 삶을 살아가는 우리의 부족함 때문에 생긴 심각하도록 모순된 현상입니다. 우리에게도 예수님이 오셔서 나폴레옹이 자기 부하에게 했던 것처럼 '이름을 바꾸든지 제대로 살든지 해라' 하시면서 호통을 치실 것 같습니다.

✝ 이름의 유래

사도행전 11장 26절은 그리스도인이란 이름의 유래를 잘 가르쳐줍니다. 이 유래를 잘 알고, 그리스도인이란 이름에 맞는 삶을 살 수 있다면, 모두가 성공적인 신앙인이 될 것이라고 확신합니다. 본문에는 처음 그리스도인이란 이름이 생겼던 유래에 대한 몇 가지 정보가 있습니다. (1) '제자'들에게, (2) 안디옥이란 도시에서, (3) 주변 사람들이 붙여준 이름입니다. 그리고 이 제자들은 바울과 바나바라는 (4)최고의 스승에게 1년간 열심히 훈련받은 사람들이었습니다. 이 네 가지 주요 정보 외에도 흥미로운 곁가지 정보가 있습니다. 바나바는 안디옥 교회를 통해 주 앞에 나온 무리들을 제자로 키우기 위해 바울을 그의 고향 다소로부터 안디옥으로 데리고 오는 수고를 아끼지 않았다는 점입니다.

'제자' 들이 그리스도인이 되다

요즘 '제자' 훈련은 그리스도인이 되어 세례를 받고, 한참 동안 교회에 다니다가 어느 수준이 되면 받는 고난도의 훈련이란 인식을 갖고 있습니다. 하지만 이름의 유래를 보면, 제자들이 그리스도인이 된 것입니다. 신자들은 제자가 먼저 되었고, 제자가 세상 속에서 세상과 구별되는 모습이 불신자들에게 인식되었을 때 얻은 이름입니다.

흥미로운 관찰을 함께해 봅시다. 사도행전에 기록된 제자들을 칭하는 최초의 이름은 '도를 따르는 사람'이었습니다(행 9:2). 이후 사도행전 11장에서 이들의 이름이 '그리스도인'이 됩니다. 그리스도를 '따르는 사람'이란 의미가 부각된 것입니다.

'제자'에 해당하는 헬라어 '마데테스'는 영어 단어인 'martyr(순교자)'와 발음이 비슷합니다. 동일한 어근에서 비롯되었기 때문입니다. '제자'의 의미에는 스승을 별 뜻 없이 따르는 사람이 아니라, 목숨을 걸고 따른다는 의미가 포함되어 있습니다. 바울 당시 고린도라는 도시에는 유명한 철학가들이 있었습니다. 이들의 제자들은 서로 파벌을 이루면서, 자신의 스승을 최고로 자랑하고 다른 스승을 비판하는 일을 즐겼습니다.

당시 문화에서 제자들은 스승의 외모까지도 흉내내었다고 합니다. 예를 들어, 스승이 턱수염을 길렀으면 제자들도 그렇게 하였고, 스승이 나비 넥타이를 즐겨 매면 제자들도 그것을 선호했다는 것입니다. 외모까지도 스승처럼 되려는 시도를 했던 것입니다.

예수님의 제자들이 예수님의 겉모습을 흉내내었다는 기록은 없으며, 예수님이 제자들에게 외모를 닮으라는 가르침을 준 흔적은 어디에도 없습니다. 하지만 예수님의 제자들에게는 분명 남다른 모습이 있었습니다. 그들의 인격과 삶의 방식에서 예수님의 모습이 보였다는 것입니다. 이 시대를 살아가는 예수님의 제자인 그리스도인들은 역사상의 예수님을 직접 뵙지 못했지만, 그들 속에서 예수님이 보이게 하는 삶을 살 수 있습니다. 그분의 가르침을 가슴에 담고, 삶을 통하여 이것을 힘써 실천할 때입니다. 세상의 눈에 보이지 않는 예수님이 살아 계심을 경험하고 그분과 인격적인 교제를 계속하면, 그분이 제자들의 삶에서 나타나게 됩니다.

⛪ 왜 안디옥에서였을까요?

예수님의 제자들의 모습은 세상 어디에서도 같아야 합니다. 하지만 그들을 바라보는 주변 사람들의 시각은 환경에 따라 크게 다를 수 있습니다. 예루살렘에 있었을 때에는 삶의 모습에서 제자들과 주변 사람들과 별 차이가 있어 보이지 않았던 것 같습니다. 예수님의 제자들은 유대인들이었으며 예수님의 가르침을 믿은 후에도 자연스럽게 율법을 지키고, 부정한 음식을 먹지 않고, 여호와를 경외하며 보통의 유대인과 별반 차이 없는 삶을 살았습니다. 마치 예수를 믿고 회심하여 교회에 등록하고 세례를 받았는데, 직장에서 함께 일하는 동료들이 그에게서 일어난 변화를 전혀 느끼지 못하는 현대의 많은 성도들과 같았습니다. 나에게 일어난 변화는 내면의 것일 뿐, 삶의 모습에서는 달라진 것이 별로 없는 교우들이 허다한 것이 안타까운 현대교회의 모습인 것 같습니다.

하지만 안디옥에 있었던 제자들은 달랐습니다. 외국 사람들 틈에 섞여 살면서 경건하고 영적인 삶을 살다 보니, 자연히 주변 사람들과 구별될 수밖에 없었습니다. 놀이와 음주문화로 만연되어 있는 불야성을 이룬 대학교 캠퍼스에 매일 새벽기도에 참석하는 경건한 친구들이 급속도로 불어나는 것을 상상해 보십시오. 또한 이들의 수가 매일 더하여져서 큰 무리가 새벽을 위해 밤 활동을 절제하며, 새벽을 경건한 묵상으로 깨우는 새로운 문화를 만들고 있다면 이들은 주위와 확실히 구별되지 않을까요? 안디옥은 다문화가 섞여 있는 화려한 국제도시였습니다. 그래서 예수를 믿는 사람들의 제대로 변한 모습이 구별될 수밖에 없었을 것입니다.

교회에 사람이 없다고?

부흥이 있는 곳에는 사람의 풍년이 따릅니다. 주의할 것은 사람이 들끓는다고 해서 반드시 참 부흥이 있다는 뜻은 아니라는 것입니다. 사람들을 매혹시키는 세상적인 원리가 교회에 가미될 때에도 잠시 숫자적 '부흥(증가)'이 일어날 수 있습니다. 하지만 참 부흥이 있는 곳에는 헌신하는 사람들이 많이 나타납니다. 헌신하는 사람들의 수가 많아질 뿐 아니라, 그 비율이 높아집니다.

내가 진실로 주님의 일을 하고자 노력하고, 이에 성령께서 함께 하셔서 내 마음에 부흥을 주시면, 주님의 일에 진심으로 동참하는 사람들이 자꾸 생기게 마련입니다. 부흥은 하나님의 일에 헌신하고자 하는 사람들이 많아짐으로 큰 물결을 이루게 됩니다. 부흥을 이끌어가는 리더들은 이런 사람들의 소중함을 바로 알고 그들을 올바르게 인도하여 함께 주님의 일을 해야 합니다.

♦ 배움이 있는 곳에서 피어난 이름

바울과 바나바는 일 년 동안을 쉬지 않고 줄곧 가르치는 일에 힘썼습니다(행 11:26 하). 그들은 교회에서 모임을 가졌고, 많은 사람을 가르쳤습니다. 배움을 받은 사람들은 제자가 되었고, 이들은 처음으로 '그리스도인'이란 이름을 얻게 되었습니다.

일 년쯤 열심히 배우면 어느 정도 성장할 수 있을까요? 만약 최고의 스승에게서 일 년을 줄곧 배운다면 도대체 얼마나 달라질 수 있을까요? 그 답은 '상상할 수 없을 만큼 발전할 수 있다'입니다. 좋은 스승이란, 정확한 가르침을 꼭 필요한 때에 꼭 필요한 자료로 제공해 주며, 그것을 섭렵하도록 독려합니다. 때로는 칭찬하고, 때로는 교만과 부족을 책망하면서 지도합니다. 좋은 스승은 제자의 능력을 정확히 파악하고 있으며, 그의 능력을 최대한으로 끌어올리는 방법도 알고 있는 놀라운 조련사입니다.

때로는 감당할 수 없을 것 같은 양을 부과하여 숨가쁘게 하고,

또 어느 때에는 어떤 논리에도 무너지지 않을 정도로 예리하고 정교한 논리를 세우도록 제자의 어설픈 논리에 날카로운 메스를 들이대기도 합니다. 훌륭한 스승을 만나면, 불과 몇 차례의 레슨만으로도 많은 것을 터득할 수 있습니다. 최고의 스승과 함께하는 일년은 정말 많은 변화를 이룰 수 있는 시간인 것입니다.

제가 학위 논문을 쓰던 막바지 단계에서 경험한 것입니다. 수정과 재수정을 반복하던 때였는데, 하루는 지도교수께서 불어로 된 400페이지가 넘는 책을 주셨습니다. 저의 학위 논문과 관련된 주제의 책이었는데, 전혀 모르고 있었던 자료였습니다. 이 책의 주요 부분을 논문에 첨가하여 1주일 뒤에 다시 제출하라는 것입니다. 아찔했습니다. 물론 논문을 쓰기 전 종합시험에서 불어 강독 능력을 패스했지만, 당시 저의 불어 실력은 아주 초라했기 때문입니다. 이 책에 대한 리뷰나 요약은 어떤 자료에도 없었습니다. 1주일 내내 도서관에서 살았던 기억이 생생합니다. 물론 400페이지가 넘는 낯선 언어의 책을 다 읽지는 못했습니다. 부분적으로 읽으면서 교수님이 만족할 만한 내용을 추출하여 논문에 삽입할 수 있었습니다. 작업이 끝났을 때, 책을 받으며 난감해하던 저에게 '할 수 있다' 고 빙그레 웃음을 주시던 교수님의 얼굴이 떠올랐습니다.

♛ 바울을 찾아 다소로!

대업을 이루는 사람들의 이야기를 보면, 인재를 얻는 어려운 과정에 관한 이야기가 빠지지 않고 나옵니다. 물론 일부의 인재들은 우연히 얻게 되지만, 이 횡재에 가까운 일에는 반드시 신의 간섭이 있는 것처럼 느껴지는 '필연' 이 담겨 있습니다. 이런 대표적인 이야기 중 하나가 유비가 제갈공명을 얻는 이야기입니다. 이를 삼고초려(三顧草廬)라고 합니다. 이는 후한 말 삼국시대에, 촉한의 유비가 융중에 기거하던 제갈량을 얻기 위해 몸소 제갈량의 초가집으로 세 번이나 찾아갔던 일화를 일컫는데, 인재를 얻기 위한 영웅의 노력을 설명하는 고사성어입니다.

바울을 찾아 나선 바나바를 보면 '유비'가 생각납니다. 사도행전은 그 과정에 관한 모든 에피소드를 생략하고, 바로 결론으로 달려갑니다. 기쁜 소식입니다. '그를 만나 안디옥으로 데려왔다'(행 11:26 상). 이제 잠시 성경이 침묵하고 있는 바나바의 바울 찾기 에피소드의 빈 곳을 메워봅시다.

쉽지 않은 여행 길

바나바는 바울을 찾으려고 다소로 갑니다. 바나바가 있었던 시리아의 안디옥에서 다소로 가는 길은 쉽지 않은 길입니다. 해안을 따라 난 길을 따라 약 300킬로미터를 여행해야 합니다. 당시의 장거리 여행은 지금보다는 훨씬 힘들고 위험한 것이었습니다. 도로가 없는 곳은 갈 수 없었습니다. 육로를 따라 여행을 해도, 중간중간에 도적의 위험이 도사리고 있었습니다. 선한 사마리아인의 비유가 실화가 아니었더라도, 당시 사람들에게는 아주 익숙한, 여행 중에 강도를 당한 경험을 배경으로 하고 있습니다(고후 11:26).

바다로 여행하는 것도 마찬가지입니다. 우선 바닷길 여행은 일정을 종잡을 수 없습니다. 배를 기다리기 위해서 며칠, 몇 주를 대기하는 것은 늘 있는 일이었고 배가 안전하리라는 보장은 더더욱 없었습니다. 바다에서는 늘 폭풍의 위험이 있었습니다. 일기 예측이 지금과는 비교가 되지 않았습니다. 바울은 고린도후서에서 파선을 당한 것이 세 번이요 밤낮 꼬박 하루를 망망한 바다를 떠다녔다고 했습니다(고후 11:25). 그래도 바울이 뱃길 여행을 육로 여행보다 선호한 이유는 뱃길이 조금 더 안전했기 때문이라고 합니다.

바나바가 이런 수고를 아끼지 않았던 이유를 짐작해 봅시다. 무엇 때문에 바나바는 친히 바울을 만나러 다소까지 갔을까요? 그는 바울이 가지고 있는 능력을 알고 있었기 때문입니다. 바나바는 바울이 새로이 부흥하고 있는 안디옥 교회에 꼭 필요한 인물이라고 판단한 것입니다. 새신도들을 제자로 키우기에는 바울 만한 학식과 헬라 문화에 대한 경험 그리고 하나님께 대한 불타는 열정을 가지고 힘써 수고할 사람이 없었던 것입니다.

또 다른 이유는 바울을 위한 것입니다. 사도행전 9장을 보면 바울은 예루살렘 초대교회를 떠나 쓸쓸하게 낙향을 하게 됩니다. 예루살렘 초대교회가 바나바의 천거로 그를 받았지만, 그는 예루살렘에서 물의를 일으켰습니다. 그의 지나친 열심이 예루살렘에 있었던 유대인들에게 경계의 대상이 되어 예수를 믿는 유대인들에게 위협이 되었던 것입니다. 이 시기를 역사에서 추정해 보면 주후 36년경으로 바울이 회심하여 예수를 믿게 된 지 약 3-4년 되었을 무렵이기도 합니다.

그리고 바나바가 바울을 찾으러 다소로 간 때는 주후 43년경으로 보입니다. 바울은 다소에서 약 7년간을 혼자 수양하고 이방 선교를 꿈꾸고 있었던 것 같습니다. 의아한 사실은 바울이 다소에서 교회를 부흥시켰다는 이야기가 없는 것입니다. 다소에 있었던 교회에 관한 이야기는 성경 그 어디에도 없습니다. 이 기간 동안 바울은 철저히 자신을 성찰하고 영적인 준비를 하고 있었지만, 어떤 시각에서 보면 그는 '실패(?)'한 사람으로서 주변에 별다른 영향력을 발휘하지 못하고 아무런 삶의 열매를 맺지 못하면서 지냈던 기간이라고 볼 수 있습니다.

하지만 바나바에게는 바울이 필요했습니다. 그리고 또 그에게 재기(?)의 기회를 주고 싶었던 것 같습니다. 사도행전 9장을 보면 바울이 예루살렘에서 물의를 일으켰을 때, 예루살렘 초대교회의 대표 누군가가 바울에게 고향으로 가라고 권했습니다(행 9:30). 아마도 '결자해지'의 원리에 따라 바나바가 앞장을 선 것 같습니다. 바나바는 바울을 예루살렘 교회에 처음 소개할 때도 앞장을 섰기 때문입니다(행 9:26-27). 어쩌면 바울에게 바나바는 처음부터 끝까지 좋은 인상을 심어주었던 인물일 것입니다. 어려울 때 자신을 인정해 주고, 곤란한 상황에서 자신에게 진솔하게 조언해 주었던 고마운 은인이었을 것입니다. 그래서 바울이 바나바의 방문을 받고 제안을 받았을 때 쉽게 바나바를 따라나섰던 것 같습니다. 바나바는 바울이 그와 함께 안디옥 교회를 섬기도록 설득하는 데 성공한 것입니다.

하나님의 사람들도 여러 가지 이유에서 동역을 중단하고 각자의 길을 가야 할 때가 있는 것 같습니다. 그래서 우리는 잘 헤어지는 법도 습득해야 합니다. 떠난 사람은 그 떠난 자리를 아름답게 만드는 지혜를 알고 있어야 합니다. 성도는 헤어질 때도 언젠가 다시 만나 같이 일해 보고 싶은 그런 사람이 되어야 합니다. 우리가 실패를 두려워하는 것은 다시 회복할 수 없을 것이란 생각 때문입니다. 그러나 우리의 인생 가치가 쓰임받는 것에 있고 쓰임이 하나님의 주권에 있다면, 우리가 해야 할 일은 명백합니다. 떠나야 할 때 뒷자리를 말끔하게 하는 것입니다. 그래서 주님의 계획 앞에 온전히 겸비해지며, 주님 앞에 바로 서는 노력을 계속하는 것입니다. 그러면 당신을 필요로 하는 또다른 안디옥 초대교회가 생길 것이며, 또 다른 '바나바'가 당신을 찾아와서 동역을 제안할 것입니다.

다소에서 바울 찾기

다소에 도착한 바나바는 바울을 어떻게 찾았을까요? 당시 다소는 인구 25만 명 정도의 거대한 도시로 길리기아 성의 수도였습니다. 다소에서 바울을 찾는다는 것은 지금으로 말하자면, LA에 가서 주소도 없이 이름만 가지고 어떤 한 사람을 찾으려 하는 것과 같습니다. 만약 바나바가 그동안 연락이 끊긴 채 다소에 바울이 있다는 이야기만 듣고 찾아갔다면, 어떻게 그를 찾는 일을 착수할 수 있을까요? 곰곰이 생각해 보면, 좋은 방법을 하나 찾아낼 수 있습니다. 다소에는 많은 유대인들이 살고 있었기 때문입니다. 이들은 대부분 회당에 다녔기 때문에 회당을 중심으로 찾으면 될 것 같습니다. 만약 LA에서 어떤 사람을 찾는다면, 그리고 그가 목사님이거나 교회의 중직자라면, 교회 주소록을 뒤지면 되지 않을까요?

하지만 일이 그리 간단하지는 않았습니다. 본문의 '찾으러'에 해당하는 원어는 '아나제테사이(ἀναζητῆσαι)'인데 꽤나 힘겹게 찾았다는 의미입니다. 이를 통해서 학자들은 흥미로운 추측을 합니다. 바나바는 바울을 회당 네트워크를 통해서 찾을 수 없었다는 것입니다. 이는 바울이 더 이상 회당 공동체에 속하지 않고, 홀로 신앙 수련을 하고 있었다는 간접 증거가 됩니다. 바울은 다소에 있었지만, 그 전에 친숙하던 유대인들과 함께 생활하지 않았을 가능성이 큽니다. 바나바는 먼 길을 가서 아주 수고스럽게 바울을 찾아야 했고 노력 끝에 성공했던 것입니다.

그러나 사도행전은 바나바의 이런 수고와 힘겹게 찾아다녔던 과정에 대해서는 한 마디도 기록하지 않습니다. 모든 것을 하나님의 섭리로 보았기 때문입니다. 사도행전 뒷면에는 상당히 극적인 사건들이 있었지만 기록하지 않은 예들이 있습니다. 대표적인 것이 바울과 마가가 선교여행 중에 결별한 '버가 사건' 입니다. 바울이 마가와 논쟁했던 사건에 대해서도 아주 짤막하게 한 절로 쓰고 있습니다. "요한은 그들에게서 떠나 예루살렘으로 돌아가고"(행 13:13 하). 이 사건의 배경에 관해서도 아주 긴 지면이 필요할 정도로 흥미로운 것이 많습니다. 언젠가 이 내용을 소개할 기회가 있을 것입니다.

그런데 바울을 찾은 바나바의 노력은 정말 가치 있는 일이었습니다. 안디옥 교회의 역사뿐 아니라, 세계의 역사를 바꾸는 일이었습니다. 사도행전은 두 사도가 함께 안디옥으로 돌아오는 장면을 아주 짧게 기록합니다. 이렇게 작아 보이는 수고가 하나님의 큰 계획을 이루는 포문이 될 것을 당시에는 아무도 몰랐던 것입니다.

♣ 믿지 않는 사람들이 지어준 이름

요즘 세상에는 '자칭' 이 점점 많아지고 있습니다. 서로가 서로를 인정해 주려 하지 않기 때문이기도 하지만, 스스로가 높아지고 유명해지고 싶은 욕망 때문에 '자칭'이 많아집니다. 이들은 남이 알아주지 않는데도, 스스로 그렇다고 우기며 스스로를 높이는 직함을 만들어 부르면서 스스로 높아졌다는 착각 속에 삽니다.

하지만 '그리스도인'이란 이름은 남들이 만들어준 것입니다. 스스로 만들어서 남에게 유포하여 그렇게 부르도록 유도한 것이 아닙니다. 따라서 그리스도인이라는 이름 속에는 주변과 구별되었고 주변이 인정했다는 의미가 포함되어 있습니다. 그리스도인들은 세상 속에서 구별되어야 하고, 세상의 인정을 받아야 한다는 당위성을 갖고 있습니다.

구별의 방식

우리가 스스로 의식적으로 남과 구별되어 보이려고 한다면, 실제로 남들과 구별이 잘 되지 않았다는 증거입니다. 구별되는 것은 성도의 특권이지만, 의지가 강하다고 되는 것이 아닙니다. 이것은 의식하지 않으면서도 자연스럽게 드러나는 열매일 뿐입니다. 중국의 철학자 노자는 사람이 생각하지 않으려고 노력하면, 이미 생각하고 있는 것이라고 했습니다. 자신을 차별화하려고 지나치게 의식하는 사람은 실제로는 주변과 잘 구별되지 않습니다. 오히려 주변에는 신경을 쓰지 않고 오직 하나님만을 추구하는 사람이 자연스럽게 세상과 구별됩니다. 하나님께 속하면, 세상의 원리는 더 이상 그 사람에게 힘을 발휘하지 못하기 때문입니다. 세상의 원리가 나에게 더 이상 힘을 발휘하지 못하는 것이 바로 세상과 구별된 삶이라는 뜻입니다.

예수님께서는 이 진리에 대해서 선명하게 가르쳐 주셨습니다.

세상의 원리는 성공 혹은 소유를 통하여 나를 지배합니다. 이것을 정신없이 추구하는 사람들은 영락없이 세상의 그물에 걸려듭니다. 그래서 성경은 목적이 분명하지 않은 채로 소유 자체를 추구하는 것을 엄중히 경고합니다. 예수님은 이런 세상의 지배를 이기는 힘을 가르쳐 주십니다. "마땅히 두려워할 자를 내가 너희에게 보이리니 곧 죽인 후에 또한 지옥에 던져 넣는 권세 있는 그를 두려워하라"(눅 12:5). 하나님을 진정으로 두려워하여 그분에 대해서 인격적으로 알면, 세상의 원리는 이런 성도에게 더 이상 힘을 쓰지 못합니다. 영원에 대해서 알고 있기 때문입니다. 바울은 이런 예수님의 가르침을 나름대로 이해해서 다음과 같이 말했습니다. "그리스도로 말미암아 내 쪽에서 보면 세상이 죽었고, 세상 쪽에서 보면 내가 죽었습니다"(갈 6:14 표준새번역 개정판).

♱ 시각으로 구별되기

참 성도는 세상과 구별되기 마련입니다. 첫째, 성도는 '시각으로' 세상과 구별됩니다. 보기에 달라야 한다는 것입니다. 선한 행동은 오른손이 하는 일을 왼손이 모르게 해야 합니다. 이것은 선한 행위를 하는 것이 자랑이 되지 않도록 하기 위한 주님의 교훈입니다. 하지만 예수님은 다른 곳에서는 '등불을 켜서 말 아래에 두지 아니하고 등경 위에 둔다'고 하셨습니다(마 5:15). 성도의 삶이 세상 앞에 드러나 세상을 밝게 비춰야 한다는 뜻입니다.

세상에는 인위적으로 만들어 낸 빛이 참으로 많습니다. 수많은 사람들이 이 화려한 빛에 현혹되며, 이런 거짓 빛을 비추어 사람들의 관심을 끌어보려고 합니다. 하지만 성도는 참 빛으로 오신 예수님을 세상에 반사하는 하나님의 도구이므로 세상과 구별되는 빛을 발해야 합니다. 그리하여 세상이 이 빛을 볼 수 있도록 시각적으로, 사람들의 눈에 띄는 구별된 삶을 살아야 한다는 뜻입니다.

베드로전서는 당시 로마제국의 한 귀퉁이에서 세상적으로는 참으로 미미하게 살아가는 성도들의 고민을 담고 있습니다. 그들은 베드로 사도에게 이런 질문을 던졌을 것입니다. '우리같이 미약한 사람들이 예수님을 알게 되었는데, 이제 어떻게 살아가는 것이 마땅합니까?' 베드로 사도는 '하나님을 바라보고 있는 사람으로 살아가라' 고 권면합니다. 너희들의 눈에 하나님이 보이면, 세상 사람들이 너희들의 삶 속에서 또한 하나님의 모습을 보게 될 것이라고 합니다.

이 생각이 집약된 곳이 베드로전서 3장 15절입니다. "너희 마음에 그리스도를 주로 삼아 거룩하게 하고 너희 속에 있는 소망에 관한 이유를 묻는 자에게는 대답할 것을 항상 준비하되 온유와 두려움으로 하고"라고 합니다. 세상 사람들이 성도들 안에 놀라운 소망이 있음을 볼 수 있어야 한다는 뜻입니다.

또 베드로 사도는 그리스도인 아내들에게 이렇게 권면합니다. '남편에게 순복하라.' 그리하면 믿지 않는 남편이라도 구원을 얻게 될 것인데, 이 과정은 그 남편들이 은밀히 아내들의 행위를 살펴볼 때 아내들이 한결같이 정결한 행위를 보여줄 때 가능한 것이라고 합니다(벧전 3:1-2). 여기서 베드로에게 남편들은 세상의 힘 있는 사람들을 상징하고 아내들은 그리스도인을 상징합니다. 세상은 성도들 모르게 슬쩍슬쩍 그리스도인들을 살펴보고 있다는 뜻입니다. 그래서 그리스도인들의 행위가 한결같이 정갈하면, 언젠가 세상 사람들이 감동을 받아 믿음에 이른다는 귀한 권면입니다.

청각으로 구별되기

둘째, 성도는 '청각으로' 세상과 구별됩니다. 세상이 내는 소리와 다른 소리를 낼 수 있어야 합니다. 소음과 복음의 차이입니다. 세상에는 수많은 소음이 있습니다. 그 소리가 얼마나 복잡하고 많은지 그 소리에 귀를 기울이면 정신이 없어지고, 집중력이 흩어져서 복음을 들을 수 없게 됩니다. 복음은 주로 미세한 소리에 속합니다. 물론 어떤 사람들에게는 청천벽력 같은 '우레'와 같은 소리로 들리기도 하지만, 이 세상의 소음 때문에 미세한 소리로 나타날 경우가 더 많습니다. 그래서 우리에게는 복음을 들을 수 있는 귀가 필요합니다. 이사야 선지자는 "아침마다 깨우치시되 나의 귀를 깨우치사 학자들같이 알아듣게 하시도다"(사 50:4)라고 기도했습니다.

복음을 들을 수 있는 사람들은 세상에서 복음의 소리를 외침으로 구별됩니다. 성도의 입에서는 복음이 나와야 합니다. 남에게 힘을 북돋고, 거짓을 단호히 거부하는 소리를 내야 하며, 남을 위로하는 소리는 크고 분명하게 하되 자신을 과장하는 소리는 없어져야 합니다. 교회에 다니는 수많은 사람에게서 그리스도의 소리를 듣기 어려운 것이 현실이 되어가고 있습니다. 교회에서의 친교 시간은 세상의 만담을 나누는 자리로 전락해 버린 듯합니다. 어려움이 닥쳤을 때, 성도들의 입에서 어떤 소리가 나는지 귀를 기울여 보아야 합니다. 세상이 성도들에게서 듣고 싶은 이야기는 하나님의 주권에 관한 선포입니다. 믿음이 약한 성도가 고난 가운데 낙망하고 있을 때, 이들의 귀에는 단호한 신앙의 권면이 들려야 합니다. 우리의 입에서 이런 소리가 나와야 한다는 뜻입니다.

사도행전의 마지막 부분에 보면, 바울이 죄수의 신분으로 로마로 압송됩니다. 그런데 그가 타고 있던 배가 광풍을 만나 표류하게 됩니다(행 27:14 이하). 사공들이 최선을 다하지만 상황은 최악을 향하여 치닫고 있을 때였습니다. 바울의 입에서 다음과 같은 소리가 나옵니다. "내가 너희를 권하노니 이제는 안심하라 너희 중 아무도 생명에는 아무런 손상이 없겠고 오직 배뿐이리라 내가 속한 바 곧 내가 섬기는 하나님의 사자가 어제 밤에 내 곁에 서서 말하되……그러므로 여러분이여 안심하라 나는 내게 말씀하신 그대로 되리라고 하나님을 믿노라"(행 27:22-25). 바울은 하나님과 함께하였기 때문에 어떤 상황에서도 하나님의 소리를 낼 수 있었고, 이것이 어려움을 당하던 뱃사람들에게 큰 힘이 되었으며, 이후 이 배의 실제적 선장이 되었던 것입니다.

주님의 소리를 내는 사람들은 어려움을 이겨내는 일에 있어 리더가 됩니다. 안타까운 것은 주변에 예수를 믿는다고 하는 사람은 많지만, 세상과 구별되어 세상 사람에게 감동과 도전을 줄 만한 소리를 내는 사람은 드물다는 것입니다. 오히려 소리를 내어야 하는 그 순간에 구별되는 것이 두려워 침묵하여 사라진 외침이 안타까울 뿐입니다.

향기로 구별되기

셋째, 성도는 '후각으로'도 세상과 구별되어야 합니다. 냄새는 가장 쉽게 피곤해지는 감각이라고 합니다. 아무리 좋은 향기라 해도 조금 지나면 첫 자극을 유지하기가 힘듭니다. 하지만 반대로 악취는 시간이 지나면 곧 잘 적응할 수 있다고 합니다. 그러기에 냄새가 가장 예민한 감각일 수 있다는 생각이 듭니다. 그렇다면 냄새로 구별된다는 것은 가장 확실한 구별 방법이 아닌가 합니다.

바울은 성도를 '그리스도의 향기'라고 선포합니다. 고린도후서 2장 14절과 15절에서 바울은 "각처에서 그리스도를 아는 냄새를 나타내시는 하나님께 감사하노라"라고 했습니다. 바울이 성도들의 향기를 맡고 있었을 때 그는 심각한 고난 중에 처해 있었습니다. 그가 개척한 고린도 교회가 바울에게 반기를 들고 그를 내쳐버리려 하던 때였습니다. 그런 낙심 중에도 그에게 큰 위로가 되었던 것은 성도들이 내어 뿜은 '그리스도의 향기'를 그가 맡을 수 있었기 때문이었습니다. 그리고 그는 성도가 이런 향기를 뿜어낼 수 있는 것은 '그리스도를 아는 것'에서 나온다고 했습니다.

저는 성도가 세상과 구별되는 최고의 방식이 '향기'라고 생각합니다. 이 향기는 예수님에 대한 온전한 지식에서 오는 순전한 헌신의 행위가 있을 때 세상으로 스며들어 갑니다. 이는 요란한 소리를 내지 않아도, 현란한 빛을 발하지 않고도, 주변 사람들의 마음을 평온케 하는 역할을 합니다.

한 여인이 예수님을 위해 옥합을 깨뜨릴 때 바로 이런 향기가 있었습니다. 그는 예수님이 누구신지 알고 있었습니다. 예수님께서 무엇을 하시려고 하는지도 알고 있었습니다. 그리고 이 여인은 그 일의 가치도 알고 있었습니다. 이 여인에게 예수님의 죽음은 너무나 소중한 것이기에 값비싼 향유 옥합을 깨뜨려도 조금도 아깝지 않았던 것입니다. 이 여인의 지혜와 헌신의 행위는 보기에 아름다웠습니다. 어쩌면 향유 옥합을 깨뜨리는 소리는 다른 어떤 소리와도 구별되는 아름다운 소리였을 것입니다. 그런데 이 여인의 행위의 백미는 향기로 구별되는 것이었습니다. 이것은 온 집안(세상)으로 스며드는 향기였고, 예수님과 자신의 몸에서 배어나는 향기였습니다.

✚ 부흥의 부산물

부흥은 사람의 물결을 타고 넘쳐납니다. 사람들이 변하는 것이 부흥입니다. 그래서 교회의 일꾼이 많아지는 것이며, 참 헌신자가 넘쳐나는 것입니다. 이런 헌신자들이 서로 사랑하고 존중하면서 거리낌 없이 동역하는 것입니다. 부흥이 있는 곳에는 부흥의 부산물이 따릅니다. 이는 세상과 믿는 이들이 확연히 구별되는 것인데, 세상이 구별된 사람들을 통해서 놀라는 것입니다. 경악하는 것이 아니라, 신선한 도전을 받는 것입니다.

왜냐하면 이들의 구별됨은 세상의 원리가 이들에게는 전혀 통하지 않는 모습 속에서 드러나기 때문입니다. 이런 부산물의 절정에 제자들이 얻게 된 이름이 있었습니다. 세상에서 가장 아름다운 이름인 그리스도 예수, 바로 그 예수님을 따르는 무리라는 멋진 이름인 '그리스도인' 입니다. 나는 내가 그리스도인인 것이 참으로 신납니다. 하지만 이름값을 못할 때가 많아 죄스럽습니다.

초대교회 이야기 4

아낌없이 내어주었던 이야기

사도행전 13장 1-3절

안디옥 교회에 선지자들과 교사들이 있으니 곧 바나바와 니게르라 하는 시므온과 구레네 사람 루기오와 분봉 왕 헤롯의 젖동생 마나엔과 및 사울이라 주를 섬겨 금식할 때에 성령이 이르시되 내가 불러 시키는 일을 위하여 바나바와 사울을 따로 세우라 하시니 이에 금식하며 기도하고 두 사람에게 안수하여 보내니라

⛪ 안디옥 교회의 독수리 5형제

주도하는 인물이 한 명일 때는 '솔로,' 두 명일 때는 '듀오'라고 합니다. 세 명의 중심인물이 있을 경우는 '삼총사'라고 하고, 네 명일 때는 '사인방'이라고 합니다. 그렇다면 다섯 명인 경우는 무엇일까요? '독수리 5형제'일 것입니다. 만화영화의 제목입니다. 지구를 지키는 사명을 가졌다고 주장하는 다섯 명의 인물들입니다. 안디옥 교회에도 '독수리 5형제'가 있었습니다. 이들은 사도행전 13장 1절에 기록된 5명의 리더입니다. 이들은 각기 영적으로

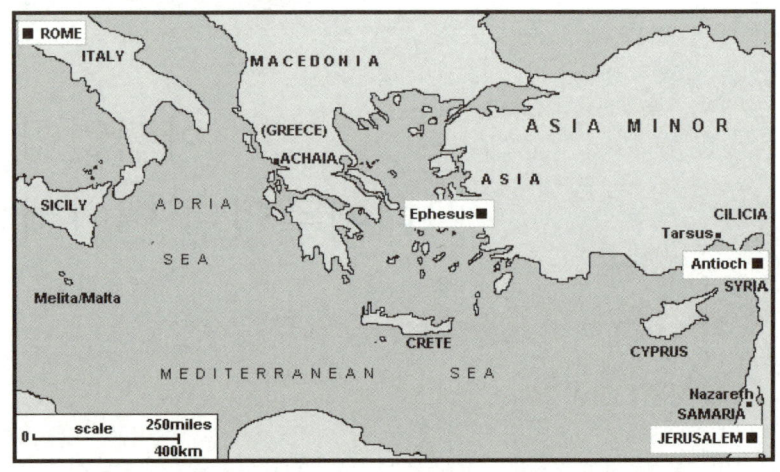

대단한 인물이었으면서도 서로 조화를 이루며 교회를 섬겼습니다. 이들은 섬김을 통하여 세워진 인물들이 분명합니다. 왜냐하면 사도행전은 이들이 어떤 과정을 통하여 세워졌다는 이야기를 전혀 쓰지 않고 있기 때문입니다.

열두 사도의 경우는 예수님께서 친히, 예루살렘 교회의 일곱 집사는 사도들이 특별한 목적으로 세웠다고 성경은 명시합니다(행 6:3-4). 한편 바나바의 경우 사도행전은 그가 헌신을 통하여 자연스럽게 교회의 리더로 부각되었음을 보여줍니다. 아마 다른 4명도 교회 안에서 섬김과 헌신의 탁월함으로 인정받은 사람들일 것입니다.

사도행전은 안디옥 교회의 절정에 관한 설명을(13장) 다섯 명의 리더를 소개하는 것으로 시작합니다. 핵심은 교회가 이들 중에 두 명을 선교사로 세우는 것인데, 성령께서 이 일을 주도하셨고 교회는 모든 것을 주께 맡기고 성령의 이끄심에 순종했다고 합니다(2-

3절). 다섯 명의 리더 중 맨 처음에 기록된 사람이 바나바입니다.

사도행전에서는 이미 그의 중요성을 충분히 설명했습니다. 그래서 그에게 어떤 수식어도 첨부하지 않았습니다. 다섯 번째 인물인 사울도 이름만 있습니다. 하지만 두 번째부터 네 번째까지는 설명이 덧붙여 있습니다. '니게르라 하는 시므온,' '구레네 사람 루기오' 그리고 '헤롯의 젖동생 마나엔' 입니다.

✞ '니게르' 라 하는 시므온

이 중 가장 관심을 끄는 인물이 '니게르' 라는 '시므온(시몬: 개역한글)' 입니다. 학자들 중에는(소수이지만) 니게르라는 시므온을 구레네 시므온과 동일 인물로 보는 견해가 있습니다. '니게르' 의 으뜸 의미는 '피부색이 검다' 란 뜻입니다. 하지만 이곳에서는 피부색을 나타내는 단어가 아니라 당시의 로마의 영토였던 '북아프리카 출신' 이란 뜻일 수도 있습니다.

만약 시므온의 고향이 북아프리카의 구레네였다면 바로 뒤에 오는 루기오가 구레네 사람이었기 때문에 반복을 피하기 위해서 구레네 대신 '니게르' 란 말을 썼을 법합니다. 어쩌면 그의 피부색이 비교적 검은 편이어서 (통상의 유대인들의 피부색에 비하면) '니게르' 라는 별명이나 애칭으로 불렸을 가능성도 있습니다.[21] 이런 추측들은 모두 '니게르' 란 시므온이 예수님의 십자가를 대신 졌던 구레네 시몬이었을 가능성을 열어줍니다. 만약 이 추측이 맞다면, 구레네 시몬이 안디옥 교회를 리더로 섬겼다는 결론이 됩니다.

물론 성경에는 구레네 시몬이 십자가를 진 이후에 대한 기록이 전혀 없습니다. 그러나 신앙인이라면 누구든지 그가 이 사건 이후 크게 변화되어 초대교회의 중요한 일꾼이 되었다는 것을 의심하지 않을 것입니다. 그는 누구보다도 예수님의 십자가의 비밀과 교훈을 깊게 체험한 제자였을 것이며, 주님은 그를 아주 효율적으로 사용하셨을 것입니다.

직접적인 기록은 없지만 이런 추측을 돕는 내용이 마가복음에 나옵니다. 군병들은 길을 가던 구레네 시몬을 붙들어 강제로 예수님의 십자가를 지고 가게 하였습니다. 이런 시몬의 모습은 아이러니컬하게도 예수님께서 마가복음 8장 34절에서 참 제자의 모습을 제시하신 것과 일치합니다. "자기 십자가를 지고 나를 따를 것이니라."

저자 마가의 의도 가운데 구레네 시몬이 예수님께서 제시하신 제자됨의 조건을 처음으로 갖춘 사람이었으므로 소개하려는 것이 있음을 엿볼 수 있습니다. 즉 마가는 구레네 시몬의 사역에 대해서 알고 있었을 가능성이 크다는 것입니다. 구레네 시몬이 예수님의 제자로서의 충실한 삶을 살았다면, 그가 예루살렘 박해 때 그

---

21) 물론 '시몬' 이란 이름은 전형적인 유대인 이름입니다. 그런데 구레네에 살고 있던 많은 유대인들 중에는 혼혈이나 유대교로 개종한 인물들이 있을 수 있었습니다. 만약 유대인이 현지인인 베르베르족과 혼혈이 되었다면, 피부색이 다소 검을 수 있습니다. 마가복음 15장 21절에 등장하는 구레네 시몬은 '건성으로' 성지 순례를 하고 있는 것 같은 인상을 줍니다. "어떤 사람이 시골에서 오는 길에 그곳을 지나고 있었다." 시골은 구레네를 가리킬 것이며, 유월절기에 한 참형을 집행하는데 예루살렘에 도착했다는 점입니다. '시몬' 의 혼혈 가능성을 뒷받침하는 또 하나의 근거는 로마서 16장 13절에 '루포' 에 대해서 언급한 부분입니다. '주님 안에서 택하심을 입은' 루포라고 되어 있는데, 원어의 표현은 루포가 선택된 것이 아주 특별한 방식임을 내포하고 있습니다. 루포는 태어날 때부터 여러 가지 타고난 약점이 있었지만 그럼에도 불구하고 하나님의 크신 은혜로 태어날 때부터 선택된 것이 분명했다는 뜻입니다.

곳을 떠나 안디옥으로 가서 교회의 리더가 되었다는 추측은 그다지 터무니없는 것이 아닐 것입니다.

♦ 피부색을 의미하지 않는 '니게르'

바울 당시 로마제국이 아프리카 대륙을 점령한 부분은 넓지 않았습니다. 물론 이집트와 알렉산드리아는 이미 제국의 중요 부분이었지만, 사하라 사막 북쪽인 '화이트 아프리카'에 대한 지배 범위는 현재 튀니지에 있는 당시 카르타고와 유티카를 중심으로 하여 이들 도시와 내륙으로 조금 들어간 지역에 지나지 않았습니다. 로마는 이곳만을 '아프리카(Africa Vetus)'라고 불렀습니다. 이곳에 살던 사람들은 베르베르족으로 백인계에 속하는 무어족인데, 이탈리아에 사는 로마인들보다는 피부색이 검었지만 사하라 이남에 살던 흑인은 아니었습니다.

로마는 2-3세기에 들어오면서 북아프리카 전체를 지배하게 됩니다. 흥미로운 것은 이곳 출신 귀족들이 로마제국에서도 상당한 권력층에 올랐으며, 급기야는 대권을 잡아 황제에 오르기도 합니다. 첫 번째 북아프리카 출신의 황제는 셉티미누스 세베루스(Septiminus Severus)인데, 현재는 리비아에 속한 당시의 렙시스 마그나(Lepcis Magna)에서 태어났습니다(주후 145년). 그는 북아프리카 출신이지만 일반 로마 사람들과 다름이 없는 백인으로 알려져 있습니다. 그는 2세기 말에 자신의 정적인 페스케니우스 니게르(Pescennius Niger)를 물리치고 최고 권력을 차지하여 3세기 초까지 황제가 됩니다.[22]

여기서 소개하고 싶은 인물이 가이우스 페스케니우스 니게르

(Gaius Pescennius Niger)입니다. 그의 마지막 이름을 주의하여 보십시오. 니게르(Niger)입니다. 역사는 그가 주후 135년 이탈리아에서 태어났다고 합니다. 물론 그의 조상은 북아프리카에서 이탈리아 반도로 옮겨 왔을 것입니다. 니게르(Niger)란 이름이 이런 배경에 근거한 것임은 자명합니다.[23] 어쩌면 그는 인종적으로 베르베르인이었을 가능성도 있습니다. 베르베르인으로 초대교회사에서 유명한 인물로는 성 어거스틴이 있습니다. 그는 현재 알제리에 속한 당시의 히포에서 활약했습니다.

확실한 것은 니게르(Niger)가 가족(family name)의 이름이지 피부색을 뜻하지 않는다는 것입니다. '니게르'가 피부색을 의미하지 않는 예가 역사상 존재하고 있다는 것입니다. 이는 아프리카 출신의 가문을 뜻하는 이름이었다고 보면 자연스럽습니다. 마찬가지로 '니게르라 하는 시므온'도 아프리카 출신(어쩌면 베르베르인) 시몬이란 결론이 가능해집니다.

✝ 마가복음과 구레네 시몬

마가복음은 구레네 시몬의 두 아들의 이름을 기록하고 있습니다. 그것은 루포와 알렉산더입니다(막 15:21). 그리고 로마서 16장 13절에서 바울이 로마 교회에 살고 있던 '루포'와 그의 어머니에게 문안합니다. 루포의 어머니가 자신의 어머니라고 인사합니다. 마가복음이 쓰여진 곳이 로마라고 보는 것이 가장 설득력 있는 주

---

22) Septiminus Severus에 대한 기록은 Susan Raven이 쓴 *Rome in Africa* (Routledge, 1969) pp. 132-143을 참고하시면 됩니다.
23) Alexander Graham, *Roman Africa* (London: Longmans, Green and Co., 1902), p. 197.

장입니다. 따라서 마가복음에만 기록된 이름 루포와 로마서에서 바울이 인사하는 루포가 우연히 같은 이름일 뿐 다른 사람이라고만 보려 한다면 오히려 억지란 생각이 듭니다.

바울이 루포의 어머니를 자신의 어머니라고 문안하는데, 이는 어머니와 같은 돌봄을 받았다는 뜻이 분명합니다. 그리고 이 정도로 고마움을 표현한다는 것은 단기간의 도움이 아니라, 장기간의 도움을 받았을 것입니다. 아마도 바울이 루포의 집에서 일정 기간 동안 같이 살았을 가능성도 적지 않습니다. 바울이 누군가에게 어머니와 같은 돌봄을 받았는데, 사도행전이나 자신의 편지에(로마서 제외) 전혀 기록하지 않았다면, 아마도 바울은 이 도움을 안디옥에서 받았을 것입니다. 바울은 안디옥 시절의 자신의 경험에 대해서는 베드로와 바나바를 꾸짖었던 사건 이외에는 쓰지 않고 있고, 무엇보다도 안디옥 교회에 편지를 한 적이 없기 때문에 루포의 어머니를 언급할 기회가 없었을 것입니다.

바울이 안디옥 시절에 루포의 어머니께 신세를 진 것이라면, 이 루포의 아버지인 구레네 시몬도 함께 안디옥에 살았을 것입니다. 당시 안디옥은 워낙 큰 국제도시라 어디에서든 이곳으로 이주하기 쉬웠습니다. 특히 구레네는 문화적·경제적으로 '그레데(Crete)'의 영향권에 속해 있었고, 그레데를 통하여 다양한 뱃길을 따라 지중해안의 도시들로 여행을 할 수 있었습니다. 따라서 구레네에서 그레데를 거쳐 안디옥으로 가는 길은 아주 편리한 루트였습니다. 구레네 시몬이 안디옥에 살았다면, 그가 바로 니게르라는 시몬일 가능성은 상당한 신빙성을 얻게 됩니다.

구레네 사람 루기오에 관해서 성경에서 더 이상 다른 인물과 연결하는 것은 무리입니다. 일부에서는 로마서 16장 21절의 '누기오'와 동일 인물이란 추측도 있고, 또 사도행전의 저자인 '누가' 자신일 것이란 설도 있으나 합리적 가능성을 추론하기에는 너무 자료가 부족합니다.

마나엔

헤롯의 젖동생 마나엔도 흥미로운 인물입니다. 성경에는 여러 명의 헤롯이 등장합니다. 대표적인 헤롯은 '헤롯 대왕'으로 어린 예수님을 죽이려 했던, 로마제국이 임명한 유대지역을 다스리던 분봉왕입니다. 그의 아들들과 자손들도 모두 헤롯으로 불립니다. 헤롯은 가문의 이름이기 때문입니다. 마나엔과 형제처럼 지냈던 '헤롯'은 헤롯 안티파스입니다. 그는 헤롯 대왕의 아들로 주전 4년부터 주후 39년까지 갈릴리 지역을 통치했습니다.

헤롯 대왕의 아들 중에 성경에 등장하는 인물은 모두 세 명입니다. 큰아들인 (헤롯) 아켈라오는 예루살렘 지역을 잠시 다스렸습니다(마 2:22). 다른 두 아들은 빌립과 안티파스인데 빌립은 변방인 이두매를, 안티파스는 갈릴리 지역을 나누어서 다스렸습니다. 이 셋 중에 안티파스가 가장 뛰어났습니다. 그래서 빌립의 아내였던 헤로디아가 빌립을 버리고 전 남편의 형제인 안티파스에게 시집을 갑니다(막 6:14-18). 그리고 이 사건을 비판한 세례 요한이 죽음을 맞이합니다.

젖동생이란 같은 유모의 젖을 먹고 자랐다는 의미입니다. 하지만 실제로는 꼭 그렇지 않을 수 있습니다. 왜냐하면 '젖동생'이란 번역은 원어(쉰트로포스)를 우리말 독자들이 이해할 수 있는 문화 안에서 가장 적절한 단어로 바꾼 것이기 때문입니다. 당시의 로마 문화에서는 앞으로 왕이 될 왕자 곁에 총명한 또래의 아이들을 함께 키웠습니다. 어릴 때부터 왕자의 친구 혹은 동생이 되어 왕자와 함께 형제애를 가지고 성장하게 하여 왕이 된 후에 형제처럼 왕에게 충성을 하도록 하기 위한 것입니다. 마나엔이 헤롯 왕에게 이런 인물이었기 때문에 그의 권세는 대단했습니다. 안디옥 교회가 부흥했던 때인 주후 40년대 초반에는 그가 '주군'으로 섬겼던 헤롯 안티파스 왕이 이미 세상을 떠난 상태였고, 그의 아들 헤롯 아그립바가 왕이 되었습니다.

♱ 선지자요 교사는 어떤 사람들인가?

이들 다섯 명은 참으로 소중한 교회의 리더들이었습니다. 사도행전은 이들을 '선지자'요 '교사'라고 합니다. 선지자란 미래를 아는 사람들입니다. 하지만 미래를 점치며 미래 '훔쳐보기'를 일삼는 사람들이란 의미는 아닙니다. 이들은 누구보다도 하나님과 친밀하기 때문에 세상을 향한 하나님의 뜻과 계획 그리고 마음을 아는 사람들입니다.

그래서 이들은 하나님의 백성들이 무엇을 잘못하고 있는지를 뻔히 아는 사람들이며, 이런 잘못된 상태를 바로 잡지 않으면 그것 때문에 미래에 들이닥칠 화에 대해서 명백히 아는 사람들입니다. 이들은 하나님이 감추어놓으신 미래를 몰래 엿볼 수 있는 초능력을 가진 사람이라기보다는 하나님의 마음과 뜻을 잘 아는 사람들이기에 미래를 주관하시되 변함이 없으신 하나님께서 장차

하실 일을 꿰뚫어보고 있는 사람들입니다. 선지자들이 내다보는 미래는 하나님의 뜻에 대한 밝은 지식을 통하여 얻게 되는 것입니다. 이들의 임무는 성도들의 잘못을 깨우쳐 바로잡는 것입니다.

따라서 선지자의 역할은 교사의 역할과 크게 다르지 않습니다. 교사는 현재 해야 할 것들을 가르치는 자들입니다. 당시 교사란 직분은 다른 사람들이 하나님 중심의 세계 속에서 삶의 의미를 발견하고 자신의 인생에서 하나님의 신령한 뜻을 이루도록 돕는 사람들이었습니다.[24] 교사들이 보편적인 지혜를 가르친다면, 선지자들은 미래에 있어야 할 당연한 모습에 비추어 현재 해야 할 일을 지도하는 사람들입니다. 이곳에 기록된 5명은 대단한 인물들이었습니다. 보편적인 지혜와 하나님의 마음으로 미래를 내다보는 안목을 모두 가진 리더였기 때문입니다. 이들은 안디옥 교회의 부흥을 주도하는 사람들이었습니다.

부흥은 '내어주는' 드림이다

부흥할 때 조심해야 하는 것은 나를 채우려 하는 것입니다. 참된 부흥은 나를 채우려 하는 것이 아니라, 나를 비우고 남에게 내어주는 것입니다. 사람은 많이 가지면, 더 자기를 위해 채워놓고 붙들고 싶은 죄성을 가지고 있습니다. 조금이라도 적어지면, 가진 것이 없을 때보다 더 속상해합니다.

안디옥 교회의 부흥은 그들에게 가장 소중했던 스승 둘을 선교

---

[24] Joseph Fitzmyer, 주석, 496; F. V. Filson, "The Christian Teacher in the First Century," JBL 60 (1941), pp. 317-328.

사로 내어주는 것으로 그 절정에 오릅니다. 부흥에는 일꾼이 따릅니다. 따라서 교회가 사람들로 풍성해집니다. 그런데 우리는 이런 일꾼을 다른 교회나 '땅끝'을 위해 내어주는 것이 그다지 즐겁지 않게 느껴지기도 합니다. 우리의 모습이 이렇다면 참된 부흥을 경험한 것이 아닐 수 있음을 생각해 보아야 합니다.

사실 나에게 소중한 것을 남에게 대가 없이 내어주는 것은 대단히 어려운 일입니다. 왜냐하면 우리에게 있는 죄성 때문입니다. 죄성은 내가 주인이 되어 소유를 꽉 움켜잡게 만듭니다. 죄성은 나를 주인 삼는 것인데, 모든 것을 내 것이라고 주장하면서 남에게 절대로 빼앗기지도, 내어주지도 않는 것을 통해 우리를 지배합니다. 반대로 예수님께서 십자가에서 우리의 죄를 대속하시면서 하신 일은 자신을 온전히 내어주신 것이었습니다. 아무런 대가도 요구하지 않고 내어주심으로 아담의 타락 이후 우주를 가득 메운 죄성을 극복하신 것입니다.

그래서 누구든지 예수님과 연합하고 그를 따르는 사람들은 내가 중심이 되어 꽉 움켜쥐었던 것을 자유롭고 기쁘게 내어주게 되어 있습니다. 부흥은 자신의 것을 자기 것으로 주장하지 않으셨던 예수님을 나의 중심에 모시는 것입니다. 그래서 그분과 같이 세상을 향하여 나에게 소중한 것들을 내어줄 수 있는 것입니다.

가장 소중한 일꾼을 드리는 것

안디옥 교회의 부흥 이야기는 소중한 사람들을 내어주는 이야기입니다. 우리는 나에게 소중한 것을 남에게 주는 일을 꺼려 합니다. 제 경험으로 보아도 나에게 진짜 소중한 것을 남에게 별 대가를 기대하지 않고 내어준 기억은 거의 없습니다. 하지만 아주 가끔 자기의 소중한 것을 내어주는 사람들을 만납니다.

자신의 신장 하나를 시동생에게 준 형수를 알고 있습니다. 피가 섞이지 않은 시동생을 위해서 아주 기쁘게 자신의 신장 하나를 주었습니다. 저는 이 일을 그가 얼마나 기쁜 마음으로 했는지를 옆에서 지켜본 증인입니다. 남편을 생각해서 억지로 하거나, 체면 치레로 한 것이 아니었습니다. 그런데 어쩌면 이 경험이 제가 알고 있는 자신의 소중한 것을 기쁘게 남을 위하여 준 몇 안 되는 예인 것 같아 조금은 우울해지기도 합니다.

만약 내가 남에게 주는 것이 자유로웠던 상황을 기억해 보면, 그때는 내가 '큰 사랑'으로 채워져 있었을 때일 것입니다. 참 헌신은 성품이나 도덕성으로는 이룰 수 없고, 내 안에 예수님의 사랑을 담고 있을 때만 가능합니다. 바로 그 순간이 성령이 우리에게 당신의 임재를 퍼부어주실 때인 것입니다.

⛪ 아홉 번째 복을 아시나요?

사도행전에는 "주는 것이 받는 것보다 복이 있다"는 예수님의 말씀이 기록되어 있습니다(행 20:35). 흥미로운 것은 이 내용이 복음서에는 없다는 것입니다. 복음서 기자 이외의 사람이 예수님의 가르침을 간직하고 있다가 사도 바울에게 들려준 것 같습니다. 우리는 대체로 자신이 주기를 좋아하는 사람이라고 생각합니다. 하지만 엄격하게 관찰해 보면 그렇지 않을 것입니다. 내가 주기를 좋아한다고 착각을 하고 사는 것뿐입니다. 어쩌다 한 번 준 것은 오래 기억하고, 줄까 말까 망설이다가 주지 않은 것과 아예 줄 생각을 하지 않고 외면했던 기억은 하지 않기 때문입니다.

아홉 번째 복은 인간의 죄의 문제가 해결된 모습을 담고 있습니다. 복음의 핵심은 '주다' 입니다. 하나님께서 우리를 위하여 아들을 '주신 것' 입니다. 우리의 죄를 대신하여 주신 것입니다. 따라서 '주는 것' 을 실천하지 않고, '주는 자의 복' 을 모르는 사람은 진정한 성도라고 할 수 없습니다. 주는 것은 복음을 실천하는 것입니다.

안디옥 교회의 부흥은 그들이 가지고 있었던 가장 좋은 것을, 가장 훌륭한 일꾼들을 내어주는 것으로 그 절정에 오릅니다. 이 '드림' 은 안디옥 교회에게는 적지 않은 손실이었을 것입니다. 그러나 하나님 나라와 땅끝 선교를 위해서는 결정적인 것이었습니다. 부흥은 자기의 가장 좋은 것을 드림으로 활활 타오른 불꽃이 되어 하나님 나라를 확장합니다. 우리는 부흥에 '드림' 이 따르지 않으면, 부흥의 불꽃은 오히려 자신을 태워 소멸시켜 버리는 진노의 불이 될 수도 있음을 분명히 알아야 합니다.

✟ 최고의 교육전도사를 선교사로

제가 전에 섬기던 교회는 북아프리카에 있는 이슬람교를 철저히 신봉하는 사막에 사는 미전도 종족을 위하여 선교사를 파송했습니다. 참 감격적인 일이었고, 하나님께서는 이 계획을 지금도 지속적인 축복으로 이끌어 가고 계십니다. 파송받은 선교사는 현재 1기 사역을 잘 마치고, 2기에 들어가서 본격적인 교회 개척을 시작하는 단계에 있습니다. 파송 당시 선교사님은 30대 초반의 미혼이었습니다. 지금도 미혼인데, 이제 30대 후반이 되었습니다. 그는 열 살에 미국에 온 1.5세이며, 언어 기능과 사회성이 뛰어나고, 사람의 영혼을 돌보는 열정도 남다릅니다.

파송되기 전에 교회에서 5년간 교육전도사로 봉사했는데, 인기 최고의 사역자였습니다. 그분께 선교의 열정이 있는 것은 알고 있었지만, 막상 선교사로 나가겠다고 했을 때 많은 성도들이 서운해 했습니다. 특별히 돌봄을 받던 아이들과 그 부모들이 아쉬워했습니다. 하지만 최고의 교육전도사를 파송하고 나니 하나님께서 교회에 최고의 교육목사님을 보내주셨습니다. 이 두 분이 연이어 아이들을 섬겨주셨기 때문에 교회의 주일학교는 반석 위에 올라서게 되었습니다. 좋은 것을 드리면 하나님께서는 반드시 더 크신 것으로 축복해 주십니다.

♣ 좋은 것을 '내어주는' 전통을 세우라

좋은 전통을 만드는 것은 좋은 모델을 세우는 것입니다. 그래서 다음 사람들도 같은 일을 어렵지 않게 반복하도록 돕는 것입니다. 안디옥 교회가 자기들에게 소중했던 두 스승을 내어줄 수 있었던 것은 예루살렘 교회가 먼저 그들에게 바나바를 내어주었기 때문입니다. 바나바는 예루살렘 초대교회에 부흥이 있었을 때 주님 앞에 나온 평신도 리더였습니다(행 4:36-37). 그는 철저하면서도 즐거이 헌신했기에 교회 안에서 빠른 속도로 신임을 얻었습니다. 사도행전 9장에 보면, 박해자 사울이 회심한 후 예루살렘 초대교회를 방문했을 때 그를 꺼려 하던 교회에 사울을 소개한 사람이 바나바였습니다. 전 교회가 그의 판단을 따랐던 것을 보면, 그가 얼마나 큰 신임을 얻고 있었는지 짐작할 수 있습니다.

이후 예루살렘 초대교회는 새롭게 부흥을 맞이한 새내기 안디옥 초대교회를 위해 성숙한 지도자를 보내야 할 상황을 만났습니다. 그리고 주저 없이 바나바를 보냅니다. 언뜻 보아도 바나바는 적격이었습니다. 안디옥 교회를 일으켰던 사람들이 바나바와 같은 고향인 구브로에서 온 사람들이었고, 안디옥이 헬라어를 쓰는 지역이었으므로 헬라어가 모국어인 바나바는 안성맞춤이었습니다. 성령께서는 막 부흥의 물결을 타기 시작한 안디옥 교회의 리더로 예루살렘 초대교회의 부흥의 아름다운 산물이었던 바나바가 적격이었던 것을 이미 알고 계셨던 것입니다. 부흥을 맛본 리더가 새로운 부흥을 주도할 수 있습니다.

예루살렘 초대교회가 중요한 것을 양보하던 전통은 바나바를 내어주기 이전부터 세워져 있었습니다. 예루살렘 초대교회는 부흥하는 과정에서 몇 가지 심각한 문제를 경험했습니다. 사도행전 6장을 보면 그중 가장 심각했던 갈등이 '구제 문제'를 둘러싸고 헬라파 사람들과 히브리파 사람들 사이에 생긴 갈등이었습니다. 이 문제는 상당한 시간과 고민 끝에 해결되었습니다. 그래서 사도들은 7명의 일꾼을 세우자고 제안합니다. 사도들은 말씀과 기도에만 전념하고 교회를 고르게 다스리는 일은 7명의 대표에게 맡긴 것입니다.

사도행전은 새로이 세워진 일곱 명의 일꾼들의 이름을 모두 소개합니다(스데반, 빌립, 브로고로, 니가노르, 디몬, 바메나, 니골라, 행 6:3-6). 흥미롭게도 이 일곱 명은 모두 헬라파에서 선출되었습니다. 이것은 예루살렘 초대교회가 보여준 양보의 미덕인 것입니다. 이 미덕이 계승되어서 소중한 것을 양보하고 내어주는 전통이 생긴 것입니다. 부흥은 이런 아름다운 전통이 계승되는 것을 통하여 유지 발전된 것입니다.

부흥은 그 산물을 내어주어야 하는 것입니다. 내어줄 때 더 큰 유산이 남습니다. 부흥은 경험한 사람들만이 전할 수 있기 때문에, 부흥을 경험한 사람을 내어주는 것은 또 다른 부흥을 일으키는 가장 중요한 촉진제가 됩니다. 부흥은 '내어줌'을 통하여 더욱 강렬하게 피어오르게 됩니다. 부흥의 열매는 선교입니다. 어쩌면 반대로 부흥은 선교를 위한 기초라고도 볼 수 있습니다. 부흥이 있어야만 진정한 선교가 가능하다는 뜻입니다. 그리고 또 부흥은 선교의 열매를 낳아야 한다는 당위성도 기억해야 합니다. 선교란 복음이 없는 자리에 복음이 있게 하는 중요한 부흥의 모습입니다. 따라서 부흥을 경험한 교회가 선교를 잘하게 되는 것입니다.

쉬운 순종

성령께서는 종종 함께 모여 있는 하나님의 사람들 위에 동시에 임하십니다. 부흥이란 성령의 임재하심, 또는 흔히 사용되는 다른 용어로 말하자면 성령의 부어주심입니다. 이 용어가 흥미로운 것은 사람들은 성령의 임재가 갑자기 자신에게 일어난 새로운 일로 느끼기 때문입니다. 이를 통해 전에는 알지 못했던 영에 대한 분명한 관점을 갖기 시작하는 것으로 나타납니다. 그들은 예전에 이런 성령의 사역과 놀라운 현상에 대해서 들어보았을 것입니다. 그런데 자신이 직접 부흥을 맛보면 사람들은 이렇게 간증합니다.

"어느 순간부터 하나님의 진리와 살아 계심이 내게 아주 분명하게 보이게 되었어요." "갑자기 무엇인가가 나의 생각을 조명해 주어 이제까지 내가 알고 있던 것들이 마치 황금 글자처럼 두드러져 보였어요!"

성령께서는 사람들의 마음을 밝히는 총명을 주십니다. 성령의 역사로 일어나는 참된 부흥에는 어렴풋이 알고 있었던 것들을 갑자기 너무나도 명확하게 깨닫게 하여 성도들로 하여금 두말 없이 주님의 명령을 순종하게 하는 힘이 함께합니다.

성령께서 부흥을 주도하실 때에는 즐겁고 단순한 순종이 일어납니다. 안디옥 교회에 성령의 역사로 부흥이 한창 계속되고 있을 때 성령께서 말씀하십니다. "내가 불러 시키는 일을 위하여 바나바와 바울을 따로 세우라." 이 명령을 듣고 그들은 금식하면서 기도합니다. 그리고 두 사람을 안수하여 보냅니다. 이때 사용된 헬라어를 음역하면 'Apelusan'인데, 이를 영어로 바꾸면 'Let them go. That's it(그래서 보냈다. 그것이 전부다!)' 일 것입니다. 아주 간단하게 사명을 완수하는 장면을 표현하고 있습니다(행 14:27-28, 15:3, 18:22-23 참조).

✝ 바나바의 선교 소명

우리는 바울이 받은 선교 소명을 잘 알고 있습니다. 그런데 바울이 첫 선교여행을 갈 수 있도록 자리를 편 사람은 바나바였습니다. 저는 혼자 본문의 장면을 상상해 보면서 성령이 안디옥 초대교회에게 선교사 파송을 명하실 때 교회의 리더 중 누구에게 가장 먼저 '이 선교의 프로젝트'에 대해 말씀하셨을까 생각해 보았습니다. 바나바란 생각이 듭니다. 그렇다면 성령께서 그에게 말씀하시기 전까지 바나바는 선교에 관심이 전혀 없었을까도 생각해 보았습니다.

바울은 처음부터 이방인을 위한 부름을 받았기 때문에 당연히 '성령이 불러 시키시는 일'인 선교에 대해서 오랫동안 열정을 품고 있었을 것입니다. 저의 추측은 바나바도 이미 선교에 대한 꿈을 꾸고 있었다고 생각합니다. 바나바는 안디옥 교회의 부흥을 보면서 또 다른 지역에도 이처럼 교회가 세워질 수 있고, 이것이 하나님의 마음에 합한 것임을 알게 되었다고 생각합니다.

어쩌면 바나바는 이런 선교의 계획을 바울과 나누었고, 둘이 이런 마음을 교회의 리더들에게 알렸을 때 교회가 이 사명을 붙들고 기도하는 중에 성령의 뚜렷한 인도하심이 나타난 것으로 본문을 해석할 수 있을 것 같습니다. 왜냐하면 성령의 명령은 '예배 형식'을 취하면서 모였던 사람들에게 임했기 때문입니다. 우리말 번역은 '섬겨'라고 되어 있는데 원어는(레이투르게오) 공식적인 모임, 곧 작은 예배를 가리키는 단어입니다. 성령께서는 어떤 환경에서도 돌연히 자신의 뜻을 기이한 방법으로 성도들에게 알리실 수도 있지만, 대개는 일정 성도들이 오랜 시간 동안 성령께서 하시고자 하는 것을 마음에 품게 하시고 때가 되었을 때 환경을 통하여 혹은 친히 이들에게 성령의 계획을 확정해 주시는 경우가 훨씬 많습니다.

⛪ 성령과 선교

거듭 말하지만, 안디옥 교회의 부흥의 절정은 두 명의 스승을 선교를 위해 내어주는 것이었습니다. 그런데 이 과정을 주도한 분이 성령님이십니다. 2절에 보면 "주를 섬겨 금식할 때에 성령이 이르시되 내가 불러 시키는 일을 위하여 바나바와 사울을 따로 세우라 하시니"로 되어 있습니다. '섬겨'는 '예배'를 의미합니다. 예배 중에 성령께서 선명하게 임하신 것입니다. 흥미로운 사실은 사도행전 7장 이후의 모든 성령의 역사는 오직 선교와 관련이 있다는 것입니다. 성령은 기적이 일어난 놀라운 사건들 중에 분명히 계셨을 것입니다.

그러나 사도행전은 7장 이후에, 기적 같은 사건과 성령을 직접 연결하여 기록하지 않습니다. 아마도 사도행전의 저자는 1장 8절에서 "성령이 임하시면……증인이 되리라"라고 하신 주님의 선포를 아주 잘 이해하고 있었고, 선교의 역사를 성령께서 주도하시는 것도 잘 이해하고 있었던 것 같습니다. 그래서 7장 이후에는 성령의 사역을 오직 '선교'에만 국한합니다.

선교는 교회의 일입니다

선교에 관해서 저는 제 경험을 통하여 검증한 소중한 몇 가지 원리를 알고 있습니다. 제가 처음 목회를 시작했던 교회는 상황이 그다지 안정적이지 못했습니다. 막 분규를 겪었던 교회라 성도들에게 열심은 있었지만, 때로 이 열심이 소위 '네거티브' 에너지란 생각이 들었습니다. 열심이 지나친 경쟁의식에 근거하고 있는 듯했고, 빨리 어려움을 극복하여 '잘되었다는 것'을 보여주기 위한 의도가 강하게 담겨 있었습니다.

이런 상황 중에도 교회는 단기선교를 중단하거나 그 규모를 줄이지 않았습니다. 그런데 단기선교를 다녀오면 은혜와 도전도 많이 받지만, 단원들 간에 갈등이 불거져서 돌아오는 경우도 있었습니다. 어떤 분들은 훈련이 부족해 그렇다고 목소리를 내는데, 이런 소리 또한 모두가 수긍하는 해법이 아니라, 또 다른 갈등을 부추기는 소리였습니다.

그런데 교회가 안정되고 은혜가 회복되면서 단기선교팀마다 놀라운 사역들을 멋지게 감당하고 돌아오는 것이었습니다. 이것을 통해 배운 것은 파송하는 교회의 건강이 파송받은 선교팀의 건강이며, 선교팀이 건강해야 선교지에 복음의 씨앗을 제대로 뿌리게 된다는 것입니다. 선교는 교회의 난국을 타개하거나 답답한 교회생활의 다른 활로를 찾는 방편으로 전락되지 않아야 합니다.

교회가 안정되기 전에는 선교를 할 수 없다는 논리가 아닙니다. 선교는 언제나 할 수 있습니다. 하지만 선교를 잘하기 위해서 교회가 분열되어서는 절대로 안 된다는 사실을 기억했으면 합니다. 교회가 분열되면 아주 소중한 것들이 타격을 받습니다. 어른들이 서로 갈등하는 사이에 '자녀들의 신앙교육' 과 '선교' 는 엉망이 됩니다. 겉으로 보기에는 아무 문제도 없는 것처럼 보일 수도 있으나 아이들의 여린 심령은 심한 상처를 입을 것입니다.

선교는 교회의 임무입니다. 바울은 이 진리를 잘 알고 있었던 사람입니다. 바울은 신약성경에 기록된 13편의 편지를 썼습니다. 이 편지들을 쓴 이유는 교회가 내부의 분열을 겪거나 외부에서 들어온 거짓 교사에 의해 혼동이 생기는 것을 바로잡기 위함이었습니다. 그런데 이런 문제가 해결되면 바울은 곧바로 '선교' 에 동참해 줄 것을 호소합니다. 바울에게 선교는 교회의 일이었습니다. 특별히 선교는 '건강한 교회가 마땅히 해야 할 일' 이란 확신을 갖고 있었습니다.

교회에서 갈등을 겪는 성도들 중에 일부는 교회 밖에서 선교회를 조직하여 선교를 돕는 손길이 되고자 힘쓰는 경우가 있습니다. 이것은 한편으로 보면 긍정적인 일입니다. 필요한 자원을 협력하여 모으면 효율적이며, 또 교회란 '조직'이 움직이기에는 시간이 걸리는 일을 좀더 탄력성 있게 하나님의 자원을 투입할 수 있기 때문입니다.

그러나 저는 왠지 이런 장점에도 불구하고 교회의 갈등 때문에 선교에 열의가 있는 분들이 따로 모여 조직한 선교회들이 오랜 시간을 지나면서 선교에 큰 유익이 되지 못할 것 같다는 생각이 듭니다. 왜냐하면 선교는 교회가 하는 일이며, 선교에 열의가 있는 사명자들은 누구보다도 교회가 더 잘 세워지는 일에 우선적으로 힘써야 한다고 믿기 때문입니다. 내가 중심이 되어 리드할 수 있는 선교단체를 만드는 것이 아니라, 정말로 주님이 기뻐하시는 선교에 대한 깨우침이 있는 교회를 세우기 위해 철저히 자신을 드려 헌신한다면 이것이 주님께서 기뻐하실 성도의 역할이기 때문입니다.

교회가 선교에 눈을 뜨는 데는 상당한 시간이 필요할지 모릅니다. 더욱이 교회가 선교의 효율성을 유지하는 데는 많은 인내와 시행착오를 경험해야 할 것입니다. 그러나 교회가 선교에 눈을 뜨면 하나님 나라에는 큰 힘이 됩니다. 선교란 궁극적으로 교회가 없는 곳에 교회를 세우는 것이기 때문입니다.

그래서 선교는 교회의 일이지 선교단체나 선교에 헌신한 개인의 일이 아니란 점을 말씀드리고 싶습니다. 이들은 교회의 선교를 돕고, 교회의 선교를 촉진하는 하나님의 도구라고 생각합니다. 참된 부흥은 교회가 선교에 눈을 뜨게 하며, 선교를 위해서 자신의 소중한 것들을 내어주게 합니다. 교회의 부흥이 없다면, 힘 있는 선교도 기대하기 어렵습니다.

교회의 난제들은 예배의 회복으로 풀립니다. 예배가 회복되면 성도들이 주님을 향하여 전심을 드리며, 삶의 의미를 찾아가게 됩니다. 그럴 때 선교의 중요성이 자연스럽게 드러나게 됩니다. 예배의 회복과 감격이 넘치지 못한 상태에서 선교에 대한 지나친 열정은 오히려 선교를 프로젝트로 전락시킬 위험성이 있습니다. 먼저 교회의 어려움들을 진정한 예배의 회복을 통하여 극복하도록 권면하고 성도들이 하나님의 뜻을 따라 헌신하기로 한마음 한뜻으로 합해졌을 때 선교에 힘쓰도록 호소하는 것이 사도 바울의 방법이었습니다.

⛪ '선교를 위한 교회의 부흥'에 관해 바로 알기

그래서 우리는 부흥의 콘셉트(concept)를 바로 깨닫고 참된 부흥을 꿈꾸어야 합니다. 참된 부흥이 일어나서 예수님이 중심이 되면, 복음이 빛을 발합니다. 복음의 핵심에는 자기를 버리고 나누어주는 아버지의 사랑이 있습니다. 그래서 우리도 우리에게 소중한 것들을 나누어 주게 되는 것입니다. 선교사를 파송하는 것은 교회의 큰 특권이고 축복입니다.

그리고 파송되는 선교사는 반드시 그 교회의 소중한 사람이어야 합니다. 내어주기에는 너무나 아까운(?) 사람이어야 합니다. 남는 것, 처치 곤란(?)한 것을 그럴듯하게 포장하여 내어주는 것이 아니라, 교회에 가장 소중한 것 일부를 떼어줄 수 있어야 제대로 된 선교를 하는 것입니다.

힘이 있는 선교는 부흥하는 교회에 더욱 쉽게 나타납니다. 물질이 많고 사람이 많아서가 아닙니다. 참된 부흥의 경험 때문입니다. 선교는 근본적으로 교회가 없어 복음을 들을 수 없고, 예배자가 없는 지역에 교회가 세워져 예배자가 일어나는 참된 부흥을 일으키는 것입니다. 바나바에 대해 다시 생각해 봅니다. 그는 예루살렘 교회에서 부흥을 경험했습니다. 그리고 안디옥 교회에서 또 다른 차원의 부흥을 경험했습니다. 그는 두 번의 부흥을 경험하였기에 세 번, 네 번 그리고 계속되는 다른 지역에서의 부흥도 꿈꿀 수 있었던 것입니다.

교회의 부흥을 경험한 사람들이 선교를 잘하게 되어 있습니다. 선교에 열정이 있는 성도라면, 우선 교회 안에서 참된 부흥을 맛보며, 교회의 의미를 잘 알고 있는 사람이어야 합니다. 교회의 다른 파트의 일에도 관심을 가지면서 필요한 헌신을 그곳에도 드려야 합니다. 교회의 다른 부분이 함께 건강해지는 일에 자신을 헌신하지 않고, 선교만을 부르짖으면 이것은 아주 쉽게 선교를 프로젝트화하거나 선교를 자기 관심으로 외치는 분열의 소리로 전락될 수 있음을 알아야 합니다.

선교에 소명이 있는 성도들은 자신의 영혼 속에 참된 부흥이 지속적으로 유지되어야 합니다. 교회를 통한 참된 부흥을 체험하지 못하고 선교를 한다고 나서는 것은 위험한 발상입니다. 땅끝 선교는 성령의 이끌림을 받은 초대교회들이 그들에게도 소중한 사람(소외된 사람들이 아님!)들을 내어줌으로 시작된 것입니다.

초대교회 이야기 5

마술의
도시가 변한 이야기

사도행전 19장 11-20절

하나님이 바울의 손으로 놀라운 능력을 행하게 하시니 심지어 사람들이 바울의 몸에서 손수건이나 앞치마를 가져다가 병든 사람에게 얹으면 그 병이 떠나고 악귀도 나가더라 이에 돌아다니며 마술하는 어떤 유대인들이 시험삼아 악귀 들린 자들에게 주 예수의 이름을 불러 말하되 내가 바울이 전파하는 예수를 의지하여 너희에게 명하노라 하더라 유대의 한 제사장 스게와의 일곱 아들도 이 일을 행하더니 악귀가 대답하여 이르되 내가 예수도 알고 바울도 알거니와 너희는 누구냐 하며 악귀 들린 사람이 그들에게 뛰어올라 눌러 이기니 그들이 상하여 벗은 몸으로 그 집에서 도망하는지라 에베소에 사는 유대인과 헬라인들이 다 이 일을 알고 두려워하며 주 예수의 이름을 높이고 믿은 사람들이 많이 와서 자복하여 행한 일을 알리며 또 마술을 행하던 많은 사람이 그 책을 모아 가지고 와서 모든 사람 앞에서 불사르니 그 책값을 계산한즉 은 오만이나 되더라 이와 같이 주의 말씀이 힘이 있어 흥왕하여 세력을 얻으니라

♟ 개인 안에만 머물 수 없는 말씀의 영향력

부흥에는 개인적인 요소가 있습니다. 주님의 말씀이 내 안의 중심을 차지하여 그 말씀에서부터 선한 영향력이 나와 주변으로 펼쳐져 나아가는 것이 부흥입니다. 한편 혼자서만 은혜받고, 주변으로 영향력을 미치지 못한다면 우리는 이것을 부흥이라 부르지 않습니다. 부흥은 공동체 안에서 함께 은혜를 체험하여야 그 효과를 나타냅니다. 하나님의 말씀에는 운동력이 있어(히 4:12) 그 말씀이 한 군데에만 머물지 않습니다. 한 사람의 인격이 말씀에 반응하면 하나님의 말씀이 그 인격을 통하여 증폭되어 더 강력한 영향력을 지니고 주변으로 확산됩니다. 그 누구도 막을 수 없는 이런 선한 영향력의 기운을 부흥이라고 합니다.

♟ 부흥은 도시를 바꾼다

믿음 공동체에 부흥이 일어나면 때론 무질서한 상황들이 생길 수도 있습니다. 다수의 성도 안에서 동시에 말씀이 확장되면 거침없는 영향력이 발생하기 때문에 그렇습니다. 역사 속의 부흥을 돌이켜보면 부흥이 일어났던 현장에서 예배가 중단된 경우도 있었으며 때로는 부흥의 영향력이 너무나 폭발적이어서 도시 전체가 변하는 일도 일어났습니다. 한국의 기독교 역사에도 이런 일이 있었는데, 약 100여 년 전 평양 대부흥운동으로 도시 전체가 떠들썩했습니다.

조금 더 구체적인 예로는 북아일랜드에서 일어났던 부흥 사건입니다. 당시 북아일랜드에 어느 술집이 있었는데 그 술집은 너무나 장사가 잘되어 매일 저녁 술 손님으로 북적되어 발디딜 틈조차 없을 정도였습니다. 그런데 이렇게 매일 북적대던 술집이 어느 날 부터 손님의 발길이 뚝 끊어지기 시작한 것입니다. 잘되던 술집이 갑자기 장사가 되지 않자 참다못한 술집 주인이 어느 날 술집 문을 아예 닫고 고객이었던 주민들이 밤마다 어디에 가는지 알아보려고 그들의 뒤를 쫓아가 보았습니다. 알고 보니 사람들이 어둠 속에서 유일하게 빛을 비추고 있는 어느 교회로 줄을 지어 들어가고 있었습니다.

눈으로 보고도 상황을 받아들일 수도, 이해할 수도 없었던 술집 주인은 이유를 좀더 알아보기 위해 그들을 따라 교회로 들어갔습니다. 교회 안으로 들어간 그는 그날 저녁 집회를 통해 자신도 모르는 사이에 하나님의 엄청난 은혜를 체험하고 회심한 후 전도자가 되었다는 실화입니다. 부흥이 영향력을 발휘하면, 도시가 변하고 사람들 안에 믿을 수 없는 놀라운 변화가 일어납니다.

아데미 여신이 깜짝 놀라다

본문은 에베소에 있었던 부흥 이야기입니다. 본문 11절은 이 도시에서 놀라운 일이 생겼다고 이야기하고 있습니다. 하나님께서 바울의 손으로 능히 놀라운 일을 행하게 하셨습니다. 로마제국 당시 에베소는 전세계에서 네 번째로 큰 도시였습니다. 에베소는 그 당시 세계 7대 불가사의한 건물 중에 하나인 아데미 신전이 있었던 곳으로 환락의 도시였습니다. 아데미 신전은 너무나도 크고 아름다웠으며, 신전 중앙에는 신전을 신기로 가득 채우는 여신상이 자랑하고 있었는데 압권이었다고 합니다.[25] 이 아데미 신전의 여신상의 특징은 젖가슴이 수십 개나 되는 것인데,[26] 이는 생산과 풍요를 뜻하며 에베소가 세속주의(secularism)의 중심지였음을 나타내는 대표적 상징물이었습니다. 현재 에베소에는 폐허된 고대 도시의 유적지가 잘 발굴되어 있는데, 예전 아데미 신전은 없어지고 신전 한 귀퉁이를 지탱하고 있던 기둥 하나만 남아 있습니다.

이렇게 세속주의가 팽배하던 에베소에 바울이라는 텐트메이커가(천막을 만드는 사람) 나타나서 그리스도의 복음을 전하였는데 정말 놀라운 일들이 벌어진 것입니다. 바울이 늘 사용하던 앞치마와 손수건만으로도 병을 고치는 일이 생겼습니다. 만약 이런 일이 우리 가운데 일어났다면 우리도 놀라지 않을 수 없을 것입니다. 저는 목회자로서 가끔 안수기도를 부탁받습니다. 제가 안수기도를

---

25) 이 신전은 주전 550년에 약 120년에 걸쳐 건축되었다가 알렉산더 대왕이 태어난 날 미치광이의 방화로 파괴되었습니다. 알렉산더 대왕은 이 신전에 큰 관심을 두고, 자신이 비용을 대어 재건하려 했지만 에베소 주민들의 반대로 뜻을 이루지 못하다가 그가 죽은 후에 재건되었습니다. 바울 시절의 신전은 재건된 것입니다. 이 신전의 규모는 길이 115미터, 너비 55미터 그리고 높이가 18미터나 되는데, 신전의 뜰은 약 5만 명이 모일 수 있는 규모였다고 합니다(Pliny the Elder, *Natural History*, 36.21.95). 내부 장식도 어머어마하여 내부 단장을 위한 비즈니스가 당시에는 엄청난 이권이 담긴 상품이었음을 성경이 기록합니다(행 19:24-25). 전승에 의하면, 사도 요한이 에베소에 있을 때 이 신전에서 기도하여 아데미의 영적인 권세를 그보다 더 강력한 성령의 권능으로 묶었다는 기록이 있고 (*Acts of John* [주후 2세기 작품]), 기독교 공인 후에는 이미 훼파된 신전에서 부분적으로 드리던 제사를 완전히 폐했고, 성 요한 크리소스톰에 의해 건물의 사용이 완전히 폐쇄되었다고 합니다. 현재는 Minaturk Park에 복원된 모형이 있습니다. 흥미로운 일화는 이 신전이 가지고 있었던 127개의 기둥 중 일부는 다른 건물을 위해 재활용되었는데, 이스탄불의 성 소피아 성당을 위해서도 일부가 사용되었다는 것입니다.
26) 현재 고대 도시 에베소 근처에 있는 셀주크(Selcuk-에베소의 현재 지명) 박물관에 가면, 발굴된 아데미 여신상 몇 개가 소장되어 있습니다. 물론 이것이 아데미 신전의 것은 아닙니다. 그리고 이 박물관에는 당시 아데미 신전의 '축소판' 모형도가 있는데, 그 신전 안에 있던 아데미 상은 정말 굉장한 규모였음을 보여줍니다.

할 때 적잖은 성도들이 안수하는 저의 손으로 좀더 세게 눌러달라고 요청합니다. 우리는 손이 직접 닿아야 능력을 느끼고, 손이 닿을 때도 세게 닿아야만 더 큰 능력이 임한다고 생각합니다. 그런데 에베소 사람들은 바울이 쓰던 물건만 가져가도 병을 고칠 수 있었습니다. 이 상황은 바울이 신적인 인물로 인식될 수 있을 정도로 신기한 것이었습니다.

웬 앞치마, 웬 손수건!

여기서 한 가지 의문이 생깁니다. 바울이 요리사였습니까? 왜 앞치마를 두르고 있었을까요? 바울이 두르고 있던 앞치마는 요리할 때 흔히 두르는 앞치마가 아니었습니다. 바울의 직업이었던 천막 만드는 작업을 할 때 사용하던 것이었습니다. 손수건도 양복 포켓에 넣어 가지고 다니는 깨끗한 손수건이 아닌 작업을 할 때 이마에서 땀이 흐르는 것을 막는 두건으로 보는 것이 적절합니다. 그런데 바로 이런 일상 생업에 사용하는 바울의 물건만으로도 병을 고치는 역사가 일어났으니 정말 놀랄 일이었습니다.

놀라운 일, 제2탄

이런 대단한 일들이 생기면 반드시 유사품이 생겨나게 마련입니다. 바울이 예수의 이름으로 악귀를 쫓아내는 것을 보고 마술사들 중, 특히 일부 유대인들이 바울을 흉내내기 시작한 것입니다. 한국 사람들은 마술을 그다지 좋아하지 않지만, 유대인들은 유난히 마술을 좋아하는 민족으로 고대 유대인들의 문헌에 보면 마술에 관한 기록이 적잖이 보전되어 있습니다.

바울은 "주 예수의 이름으로 명하노니 악귀야 물러가라"라고 선포했을 것이며 그럴 때마다 악귀가 물러갔습니다. 그러나 바울을 흉내내던 가짜 마술사들이 "바울이 전하는 예수를 빙자하여 명하노니 악귀야 물러가라"라고 어설프게 말했는데도 때론 정말 악귀가 물러가는 것이었습니다.

그 당시 에베소에는 한 제사장과 그의 일곱 아들이 살고 있었는데, 그들도 이 가짜 치유 행위를 시작했습니다. 유대 사람들이 워낙 마술, 곧 주술적인 힘을 좋아했기 때문이었습니다. 그들도 다른 짝퉁 마술사들과 동일한 주문을 외웠는데, 악귀가 오히려 그들을 조롱하면서 "내가 예수도 알고 바울도 아는데 도대체 너희는 누구냐?"고 되물으며 그들에게 달려들었습니다. 참으로 당황스런 상황이었을 것입니다.

귀신들린 사람들의 특징은 기운이 굉장히 세다는 것입니다. 그들은 귀신들린 사람이 달려들자 놀라고 두려워서 몸이 상하고 벌거벗은 채로 도망 갑니다(행 19:16). 우리는 이 이야기를 읽으며 이 상황을 재미있고 우스꽝스럽다고 생각하지만 실제의 상황은 공포스럽고 무시무시한 것이었습니다. 아이러니컬하게도 이 사건이 사람들에게 알려지자 에베소에는 더 많은 부흥이 일어났습니다(행 19:18).

⛪ 참된 부흥은 사람을 '스타'로 만들지 않는다

이제 우리는 에베소에서 일어난 부흥에 대한 기록을 자세히 살펴보고자 합니다. 에베소 부흥 이야기를 마무리하는 20절에 보면 "주의 말씀이 힘이 있어 흥왕하여"라고 기록되어 있습니다. 성경은 '바울이 대단한 사람이 되어' 가 아니라고 합니다. 바울이 어떤 신적 존재가 된 것도 아님을 명백하게 말해 줍니다. 처음부터 에베소에서 있었던 이 사건은 바울의 명성을 높이려는 의도를 전혀 담고 있지 않습니다. 11절에서도 주어는 '하나님' 이고, 바울은 도구일 뿐입니다. '하나님이 바울의 손으로 놀라운 일을 행하게 하신 것' 입니다.

사실 바울이 이때 행하였던 능력은 대단한 것이었습니다. 예수님이 행하셨던 기적 중 하나는 예수님이 지나가실 때 어떤 여인이 무리를 가르고 예수님의 옷자락 끝을 만진 것으로 치유받은 사건입니다(막 5:27-28). 하지만 바울은 에베소에서 직접 손도 대지 않고 그저 그가 쓰던 물건만 가지고도 사람들의 병을 고친(?) 것입니다. 이 얼마나 엄청난 기적입니까? 이것은 바울이 사람들에게 신으로 추대당할 수 있을 정도의 일이었을 것입니다.

하지만 성경은 바울이 스스로 신처럼 되어 센세이션을 일으키는 것에는 전혀 관심을 두지 않았음을 보여줍니다. 성경의 관심은 바울의 이런 능력을 통해서 사람들의 병이 나은 것이 아니고 또 그것을 흉내내다가 망신당한 사람들의 이야기도 아니었습니다. 이 두 사건은 분명히 놀라운 사건이었지만 부흥의 핵심이 아닌 것입니다. 부흥의 핵심은 말씀이 흥왕해져서 무리가 믿음을 갖게 된 것입니다. 그리고 이들의 회개하고 변화하는 모습이 구체적으로 세상에 드러나는 것입니다.

본문은 이 사건을 인하여 많은 사람들이 값비싼 마술책을 가지고 나와서 불태웠다고 기록합니다. 도시가 영적으로 정화되어 새롭게 된 것입니다. 아데미 여신이 깜짝 놀라 자빠졌을 것입니다!

♣ 말씀의 부흥, 도시의 부흥

성경은 부흥의 근거가 '주님의 말씀'임을 강조하고 있습니다. 말씀에 근거하여 한 교회가 부흥하면 도시를 바꾸는 역사가 일어날 수 있습니다. 하나님의 말씀이 교회에 임하여 교회가 부흥하면 그 지역이 변하는 것입니다. 이것은 교회가 수적으로 부흥하여 줄줄이 들어오는 차들로 인한 교통체증이 타운에 생겨남 같은 변화가 아닙니다.

설교자가 목소리의 톤을 높이고 힘을 주어 "사랑하는 성도 여러분 우리 열심히 부흥하여 이 지역을 변화시킵시다" 하고 외치면 모두들 힘차게 '아멘' 할 것이지만, 마음속에는 '정말 그렇게 될 수 있을까? 그렇게까지 할 필요가 있을까?' 하고 의심하는 것이 우리의 모습입니다. 하지만 어떤 사람들의 마음 가운데 말씀이 임하여 참 부흥이 일어나면 그 사람들의 인격이 변하고, 이렇게 함께 변한 인격이 놀랍도록 힘이 있는 선한 영향력을 주변에 나타내기 시작하여 큰 무리의 집단에게 부흥이 퍼져가면서 급기야는 도시가 변하는 일이 일어납니다.

만약 우리 시대에 이런 변화가 일어난다면, 어쩌면 바울이 경험한 에베소가 떠들썩해지는 변화와는 달리 겉으로 나타는 커다란 변화는 없어 보이지만 내면에서 폭발스럽게 일어나는 것일 수도 있습니다. 인격의 변화는 주님이 보시기에 너무나도 기쁜 것이고, 사단의 입장에서는 화들짝 놀랄 만한 것입니다.

♣ 말씀은 사람을 반듯하게 만든다

하나님의 말씀을 귀하게 여기고 그 말씀을 두려워하며 살아가는 사람들은 그 삶이 반듯합니다. 말씀이 우리를 지혜롭게 하여 모든 사람들에게 유익한 사람이 되게 하기 때문입니다(딤후 3:16-17). 말씀에 의해 심령에 부흥이 일어나면, 이것은 선한 영향력을 발휘할 뿐 아니라, 부흥을 경험하는 사람들을 반듯하게 만듭니다. 그 심령 안에 말씀이 있기 때문입니다.

 미 중부에 있는 어떤 도시의 한인교회에서 집회를 인도할 때였습니다. 그 교회의 특징은 대부분의 성도들이 자녀교육에 목숨을 건 듯 열심인 것이었습니다. 자녀들은 대부분 미 동부에 있는 아이비리그 대학에 재학하고 있었고, 성도들이 모여 앉기만 하면 하는 대부분의 이야기는 자녀들과 그들이 다니는 학교 이야기였습니다.

 저는 그분들의 대화를 들으면서, 처음에는 "좋으시겠네요, 대단하십니다"라고 맞장구를 쳐드렸습니다. 하지만 계속해서 그분들의 대화를 듣다 보니 이건 뭔가 잘못되었다는 생각이 들기 시작했습니다. 그 이유는 교인 중 어느 누구도 자녀의 신앙이 좋다는, 우리 아이는 이렇게 반듯한 신앙을 가지고 산다는 '자랑'은 하지 않았기 때문이었습니다.

 자녀들이 세상적으로 좋은 교육을 받기를 바라는 것은 당연한 것이지만 성도의 최고의 관심은 자녀가 하나님의 말씀 위에 서서 반듯한 신앙인이 되는 것이어야 하며 그것이 그리스도인의 가장 큰 자랑거리가 되어야 하는 것입니다. 하나님의 말씀이 우리 삶 가운데 들어오면 이런 가치관의 변화가 일어나는 것입니다. 그렇게 될 때 성도의 삶에 무엇이 진정 중요한가에 대한 올바른 깨달음이 생기며 그 '중요'한 일을 행함으로써 부흥이 일어나는 것입니다.

새로운 가치관의 시작

마술이 팽배하던 에베소 사람들에게 가장 중요한 관심사는 '어떻게 하면 조금 일하고 많은 것을 가질 수 있느냐' 하는 것이었습니다. 이것이 마술이 지배하고 있는 도시의 실상입니다. 이곳에서 마술이라고 쓴 단어는 어쩌면 노력이나 희생 없는 축복을 부르는 주술과 같은 것이었습니다. 이들은 생산성이 높은 사람이 우수한 사람이라고 평가받는 가치관이 우상처럼 된 도시에서 살고 있기 때문에 마술을 사용해서라도 남보다 힘을 덜 쓰고 더 멋진 것을 얻으려는 일확천금주의적 삶을 살고 있었습니다. 노력하여 실력을 쌓는 것이 아니라, 적은 투자로 주술적인 힘을 빌어서라도 능력을 얻으려는 정신세계가 그들을 지배하고 있었던 것입니다.

하지만 하나님의 말씀이 우리 가운데 들어오면 전혀 다른 가치관이 생깁니다. 하나님께서는 아무것도 생산할 수 없었던 사람조차도 그 모습 그대로 존귀히 여기시고 사랑하신다는 놀라운 사랑의 가치를 새롭게 발견하게 되는 것입니다.

장애사역을 시작하다

저희 교회에 장애사역부을 만들기 위한 첫 장애우 교사훈련 세미나가 있었던 날의 이야기입니다. 처음에는 30-40명 정도의 예비 '자봉(자원봉사자)'들이 참여할 것으로 예상했으나 실제로 참석한 인원은 70여 명이 넘었습니다. 참석 인원의 숫자도 많았지만 참석하신 분들의 열기는 정말 대단했습니다. 이 기회를 통해 교회 안에 있던 인적 자원을 파악할 수 있었습니다.

이들 중에는 특수교사 자격이 있는 분들이 3명이나 계셨고 '언어 장애' 치료사(speech therapist)도 2명이 계셨으며, 성인장애환자를 10년이 넘게 돌보는일을 하시는 간호사도 계셨습니다. 물론 이들은 자신의 전문 분야가 교회에서도 쓰임받을 수 있다는 기대감을 갖고 참석했습니다. 그들의 시간과 힘을 세상적으로 투자하면 적잖은 수입을 올릴 수 있을 터인데, 자신의 시간과 능력을 아낌없이 주님의 일을 위하여 쓰임받기 원하는 그들의 열기는 참으로 놀라웠습니다.

장애우를 위한 예배를 만드는 것은 쉬운 일이 아닙니다. 그분들을 위한 특별한 장소가 있어야 하고, 교사도 필요하며, 설교자도 있어야 합니다. 어떻게 보면 일반 아동 1명을 돌보는 것보다 5배, 10배의 힘과 자원이 드는 일입니다. 그리고 이렇게 힘을 쓴다고 해도 그들이 세상적으로 가치 있는 어떤 것을 생산해 내는 것은 거의 기대할 수 없습니다.

하지만 말씀이 우리 가운데 들어와 우리의 가치관이 바뀌면 여태껏 세상의 가치관을 가지고 살면서 미처 발견하지 못하던 일에서 참된 가치를 찾을 수 있게 됩니다. 부흥에는 이런 요소가 있습니다. 이전까지 중요하지 않다고 생각하던 것이 참으로 중요한 것임을 아는 새로운 가치관을 심어줍니다.

어쩌면 교회가 많은 자원을 투자하여 장애우들과 소외된 이들을 돌보는 것은 세상의 눈으로 보면 어리석어 보일 수 있습니다. 하지만 교회는 세상적 관점으로 보기엔 아무런 가치 없어 보이는 일들도 주님의 마음과 합한 것이면 과감히 시행해야 합니다. 이럴 때 참 기쁨을 느끼고 이러한 일을 통해 하나님의 역사하심을 발견하게 됩니다.

부흥은 주님의 마음에 합한 일을 하는 것입니다. 세상 사람들에게는 하찮게 보이는 것들이 주님의 마음에 합한 일이라면 귀한 것으로 볼 수 있는 것이 참된 부흥을 가능하게 합니다. 참된 부흥은 세상적인 가치관이 준 혼선을 바로잡고, 세상적인 가치관이 지배하는 것을 단호히 거부합니다. 부흥은 세상적으로는 손해보는 것 같은 진실된 일을 아주 즐겁게 행할 수 있도록 합니다. 그리고 이런 새로운 가치를 익힌 즐겁고 정의로운 삶이 주변을 향하여 선한 영향력으로 펼쳐지게 합니다.

앤젤 아우라(Angel Aura)

참된 부흥은 회개를 통하여 일어나는 역사입니다. 회개가 없이는 부흥이 일어나지 않습니다. 그래서 참된 부흥은 선한 영향력을 주변에 나타냅니다. 근래에 관심 있게 살펴본 책 중에 《엔젤 아우라(Angel Aura)》(중앙북스)라는 책이 있습니다. 이 책에 담긴 사상이 기독교적이지 않기 때문에 크리스천 서적으로 권장하지는 않지만 저자의 관찰은 다소 흥미롭습니다. 책을 읽을 때에는 책에 나오는 사상을 받아들여야 할 책이 있는가 하면 그 책에 나오는 사상과 논쟁해야 되는 책이 있습니다. 나와 상반된 생각을 통해 나의 사상을 더욱 예리하게 만드는 책도 있고, 저자의 관찰만을 받아들여 내게 필요한 부분만을 취하면서 배워야 하는 책들도 있습니다.

안타까운 것은 성도들이 저자의 관찰만 받아들여야 하는데 책에 담긴 올바르지 않은 사상까지도 받아들이는 경우가 있다는 것입니다. 예를 들면, 조엘 오스틴이 쓴 《긍정의 힘》이란 책은 저자의 관찰은 받아들여도 좋으나, 그 중심 생각까지도 기독교의 가르침이라고 생각해서 분별 없이 받아들이면 오히려 해가 될 여지가 있음을 알아야 합니다.

크리스천으로서 저자의 관찰만을 배워야 하는 책 중 하나가 바로 《엔젤 아우라(Angel Aura)》라는 책입니다. 외대 교수이며 28년 동안 국제 통역사로 일한 최정화 씨가 쓴 이 책의 핵심은 사람들이 선한 영향력을 어떻게 발휘하는가에 관한 것입니다. 저자는 사람이 선한 영향력을 발휘하려면 다섯 가지 엔젤 아우라 지수(Angel Aura Quotient)가 있어야 한다고 말합니다.

30년 넘게 국제 통역사로 일하며 마에스트로 정명훈, 반기문 유엔 사무총장에서부터 빌 클린턴 전 미국 대통령과 미테랑 전 프랑스 대통령에 이르기까지 광범위한 글로벌 리더들을 만나면서 저자는 그들에게 공통점이 있음을 발견하였다고 합니다. 저자가 발견한 것은 그들이 리더로 인정받는 것은 재능, 재력, 직위가 아닌 그들이 지니고 있는 선한 기운인데, 저자는 이것을 '엔젤 아우라'라고 부릅니다.

그녀가 쓴 책 서문에 보면, "아무리 능력이 뛰어난 사람이라도 그 능력을 담아내는 '인격적인 그릇'이 작으면 사회에서 진정한 리더로 인정받기 힘들며, 글로벌 리더로서 세상과 소통하기 힘들다"고 말하며, "엔젤 아우라는 주변 사람으로 하여금 그들을 진정한 리더로 인정하게끔 만드는 리더들의 몸에 밴 배려심, 포용력, 통찰력, 집중력, 지적 호기심 등으로 완성된다"고 합니다.

그는 탁월한 리더들이 선한 영향력을 발휘하는 힘을 5가지 통력(通力)으로 분석하고 이를 측정하는 방법으로 엔젤 아우라 지수를 고안했는데, 이 지수들은 모두 영어의 알파벳 C로 시작하는 공통점을 갖고 있는 집중 지수(Concentration Quotient), 문화 지수(Culture Quotient), 소통 지수(Communication Quotient), 협력 지수(Cooperation Quotient), 창의력 지수(Creativity Quotient) 등입니다.

집중 지수는 나에게 몰두하면 상대방의 마음이 저절로 열린다는 데서 출발하고, 문화 지수는 자신 속에 숨어 있는 문화적 에너지에 귀 기울일 것을 충고하며, 소통 지수는 감동의 증폭제로서 커뮤니케이션 스킬을 가리킨다고 합니다. 협력 지수는 세상을 아우르는 능력에 대해서 말하고 있고, 창의력 지수는 새로움을 찾는 빛나는 습관에 대해서 돌아보게 하는 능력입니다. 그리하여 세상과 소통할 수 있는 힘, 엔젤 아우라의 이 5가지 조건을 갖추게 되면 비로소 세상을 감동시킬 수 있는 '엔젤 아우라'를 자신의 내부에서 깨울 수 있게 된다는 것입니다.

선한 영향력

조심스레 짚어보아야 하는 것은 저자가, 사람이 선한 영향력을 발휘하는 이유를 절대적인 선함이 사람 안에 있는 것으로 보지 않고, 선한 영향력을 미치는 결과가 바로 선이라고 주장하는 것입니다. 이것은 성경의 교훈과는 다른 것으로 선에 대한 상대적인 접근법입니다. 성경은 항상 절대적인 것을 주장하는 반면, 현대문화는 절대적인 것은 뒤로 제쳐놓고 절대적인 것에서 파생되는 상대적인 것이 실체라고 주장합니다. 그 이유는 결과를 만드는 '근원'은 타락한 인간의 눈에 보이지 않기 때문입니다. 그래서 이들은

'선'의 존재는 중요하지 않고, '선'이 끼친 '영향력' 그 자체가 '선'이라는 상대주의적 관점에 치중합니다.

기독교는, '선'은 객관적이며 절대적으로 존재한다고 가르치고 있습니다. 하나님이 선이시며, 하나님의 진리가 선이고, 하나님의 말씀이 선인데, 문제는 이 선함이 성도에게서 나와 주변에 미치는 영향력이 미미하다는 것입니다. 대부분의 그리스도인들이 선을 가졌지만 선한 영향력을 제대로 발휘하지 못하기 때문에 세상에서 선의 실체에 대한 관심은 점점 없어지고, 선이 발휘하는 영향력을 얻는 방법에 대해서만 많은 관심을 갖습니다.

그렇지만 절대적인 선에 대한 이해 없이 어떤 영향력이 '선하다'고 확신하는 것은 정말 위험한 것입니다. 영향력이 좋은 것처럼 보이지만 그 동기가 의심스러운 것들이 너무나 많고, 그 영향력이 선해 보이지만 진짜 선한 것인지를 검증할 수 없는 것이 많기 때문입니다. 결과적으로 이런 접근으로는 '많은 영향력'이 곧 '선한 영향력'이라고 판단하여 성공주의를 예찬하는 위험한 결과를 낳을 수밖에 없게 됩니다.

하지만 이런 책들이 갖고 있는 몇 가지 관점은 이미 절대의 선을 가지고 있는 그리스도인들에게 그들 안에 있는 선함이 더욱 효율적으로 영향력을 발휘하도록 하는 도움을 줄 수 있습니다. 우선 이 책은 우리가 선함을 가지고 있다면 반드시 선한 영향력을 발휘해야 한다고 도전합니다. 그리고 어떻게 효율적으로 선한 영향력을 발휘하는가에 대한 구체적으로 도움이 되는 방법들을 알려줍니다. 절대적 선함을 가진 성도들에게는 유익한 것들입니다.

그러나 선한 영향력의 진정한 원천은 내 안에 이루어지고 있는 말씀의 부흥뿐입니다. 하나님의 말씀이 흥왕되어 부흥하는 역사를 보고 배우며, 이 부흥이 정말 나에게도 이뤄지길 간절히 갈망한다면, 부흥이 우리에게 일어날 것입니다. 이 부흥은 말씀의 흥왕함이 나와 '우리 안'에서 선한 영향력으로 흘러나오는 것입니다.

♣ 금송아지 사건을 잊지 말아야 합니다

구약에서 이스라엘 백성이 출애굽을 하면서 경험한 일 중 하이라이트는 모세가 시내 산에 올라가 하나님께로부터 십계명을 받는 사건입니다. 하나님께서 모세에게 십계명을 주시기 위해 이스라엘 백성을 시내 산을 향하여 돌아가도록 한 것이라고 말해도 무리가 아닐 것입니다. 출애굽 사건의 핵심은 십계명을 받는 일인데 그 십계명을 받는 사건으로 시작해서 이어지는 이야기들의 마지막은 모세가 하나님의 영광을 보는 것입니다.

하지만 이스라엘 민족의 광야생활 가운데 가장 뼈아픈 사건도 이때에 생겼습니다. 이런 일련의 사건들 사이에 인간이 극악하게 타락한 모습이 드러나는 사건도 끼워져 있습니다. 바로 모세가 시내 산에 올라가서 십계명을 받고 있을 때 이스라엘 백성이 산 아래서 금송아지를 만들었던 사건이었습니다.

모세는 이 사건으로 인해 진노하신 하나님을 돌이키기 위해 목숨을 건 감동적인 중보기도를 합니다. 인간의 관점으로 보면, 하나님께서 딜레마에 빠지셨을 것입니다. 모세를 생각하면 백성들을 용서해 주셔야 하는데 백성들의 죄를 생각하면 벌을 주셔야만 하는 상황에서 어쩌면 하나님도 고민하셨던 것 같습니다. 하나님께서 내린 결론이 출애굽기 33장 1-4절 말씀입니다. '너희들이 가나

안 땅으로 가길 원하니 가라.' 아마도 백성들은 신이 났을 것입니다. '휴, 우리를 용서하셨구나. 드디어 가나안 땅으로 들어가는 구나.' 하지만 하나님께서는 비수와 같은 말을 덧붙이십니다. '나는 너희와 함께 가지 않겠다!', '나는 가지 않고 대신 천사들을 보내서 너희의 필요를 채워주고 보호해 주겠다' 고 하십니다.

만일 여러분이 이 말씀을 들었다면 어떻겠습니까? 기쁘셨겠습니까? 하나님이 함께하시지 않아도 지켜주신다고 했으니까 그래서 무사히 가나안 땅으로 들어가게 하시니까 상관없다고 하시겠습니까? 하나님이 함께 가시면 괜히 눈치만 보게 되고 서로 불편하게 되니까 차라리 잘된 일이라고 하시겠습니까? 우리 중에는 의외로 이런 방식으로 신앙생활을 하는 성도들이 많습니다. 여호와는 나의 필요만 충족시켜 주시면 되고, 그의 인격은 나와는 상관없고, 때론 그의 인격을 닮으라는 도전이 부담스럽고, 거추장스럽습니다.

하지만 이스라엘 백성은 그 자리에서 통곡하며 회개하기 시작했습니다. '모든 것이 충족되고 가나안 땅에 들어간다 한들 여호와께서 우리와 함께하지 않으시면 무슨 소용이 있으랴' 하고 말입니다. 그래서 이 황송한 말씀에 이스라엘 백성들이 한 번 더 회개합니다. 그들은 '우리 안에 있는 모든 장식품을 내려놓겠습니다' 라고 결단합니다. 출애굽기 33장 6절에 보면 이스라엘 백성이 호렙 산에서부터 그 단장품을 다 제거했다고 기록되어 있습니다.

✞ 내 삶에 있는 단장품과 마술책들을 버려라

그렇습니다. 우리가 진정 선한 영향력을 나타내기 위해서는 내 안에 있는 나를 단장하는 장식품들을 내려놓아야 합니다. 그때 하나님께서 기뻐하시는 영향력이 나로부터 세상으로 퍼져나가기 시작합니다. 하나님을 모르고 이런 영향력에 관심을 둔 사람들은 엔젤 아우라 지수라고 하는 다섯 가지 C를 말하면서 이런 것들이 있을 때 세상에서 선한 영향력을 발휘할 수 있다고 합니다.

하지만 다섯 가지 C보다 더 근본적인 것은 하나님의 말씀이 내 안에 계셔 속사람이 변화되어 나를 단장하고 있는 헛된 장식품을 아낌없이 던져버리는 것입니다. 나를 통하여 드러나길 바라는 하나님의 영향력을 방해하는 내 안에 있는 모든 장식품들을 내려놓을 때 비로소 하나님의 선한 영향력이 나를 통해 그 힘을 발휘한다는 것입니다.

회개가 참된 부흥을 이룹니다. 그리고 참된 부흥에는 선한 영향력이 따라옵니다. 선한 영향력이 나타나는 것이 참된 부흥인데, 이 선한 영향력은 회개에서 비롯됩니다. 에베소에서 활활 타오른 마술책 더미를 생각해 보면 그보다 훨씬 전인 출애굽한 이스라엘 백성이 시내 산 아래서 겸비하게 떼어놓은 장식품들의 모습을 떠올릴 수 있습니다.

✟ 마술책 불사르기

광야에서 장식품 내어 버리기와 에베소의 마술책 불태우기는 모두 자신들이 남몰래 의지하던 것을 내려놓는 회개의 선명한 행위입니다. 광야생활을 하는 동안, 그리고 새로운 땅에 들어가서 정착하려면 장식품이 필요했습니다. 장식품은 고가품의 패물로 언제나 현금화될 수 있었기 때문에 광야의 생활과 새로운 이주 및 정착 과정에서 꼭 필요했던 자금줄이었고, 하나님께서 이스라엘 백성들이 애굽을 떠날 때 이런 패물을 거저 주셨습니다(출 12:35-36).

흥미롭게도 이런 패물 이야기는 갑자기 생긴 횡재가 아니라, 이미 430년 전에 아브라함에게 예언으로 가르쳐 주셨던 '구속 이야기'에서 빼놓을 수 없는 중요한 부분이라는 것입니다(창 15:14). 그런데 이스라엘 백성들이 하나님이 거저 주신 패물의 일부로 하나님을 대적하는 금송아지를 만들었습니다. 이 사건 이후 백성들이 진정으로 통회하면서 패물들을 몸에서 떼낸 것입니다. 더 이상 하나님 이외의 다른 어떤 것도 의지하지 않겠다는 결단의 행위였습니다. 회개는 오직 하나님만을 전심으로 의지하겠다는 강렬한 의지입니다. 마찬가지로 에베소의 마술책 소각 사건도 회개를 통한 하나님께로 돌아감을 표현한 절실한 마음이 담긴 행위였습니다.

♟ 짝퉁사건

2006년 대한민국을 시끄럽게 했던 가짜 명품시계 '빈센트 엔코' 사건으로 인해 명품시장은 한창 떠들썩했습니다. 실재로 존재하지도 않는 허위 명품 브랜드의 시계가 초호화 마케팅에 힘입어 '180년 전통의 명품시계'로 둔갑하여 엄청난 가격에 날개 돋힌 듯 팔린 말도 안 되는 사건이었습니다. '사치'의 사전적 의미는 '필요 이상', '쓸데없음', '분수에 넘침'으로 정의되어 있습니다.

그렇다면 사람들은 왜 '필요도 없고 사용 가치도 없는 분수에 넘치는' 물건을 그렇게도 열망하는 것일까요? 값비싼 사치품이나 단장품이 우리의 삶의 질을 높이는 데 아무런 효과가 없다는 것은 누구나 알고 있습니다. 또한 '명품'이 인간을 품위있고 고귀하게 만들어줄 수 없고 신분 상승에 도움이 되지 않는다는 것도 알고 있습니다. 하지만 사람들은 시장에서 행상하는 불쌍한 할머니의 콩나물 값 100원은 어떻게든 깎으려 하면서 몇백 만 원짜리 명품 사치품은 빚을 져 가면서도 구매합니다. 명품 진품을 구입할 능력이 안 되면 심지어 가짜라도 구해서 몸을 치장해야 직성이 풀립니다.

그래서 대한민국은 일류 짝퉁메이커 제국이 되고 말았습니다. 에베소에서 허다한 마술책과 마술사가 최대의 인기를 누렸듯이 우리 시대에는 명품 단장품과 짝퉁 명품 메이커들이 사람들의 마음을 사로잡고 있는 것입니다. 미국의 부통령이었던 앨 고어가 다큐멘터리 〈불편한 진실(An Inconvenient Truth)〉에서 지적했듯이 결국 사람들은 무엇이 진실인지 알고 있음에도 불구하고 애써 외면하면서 살아가는 것입니다. 우리 모두가 알고 있는 '불편한 진실'을 애써 외면하면서 이성과 참 가치관을 상실한 사람들처럼 허상을 좇아 살아가고 있는 것입니다.

마술책의 의미

마술책이 무엇을 상징하는지 생각해 봅시다. 현대인들 중에는 만화책이라면 모를까 마술책을 귀중히 여기며 가지고 다니는 사람은 별로 없을 것입니다. 하지만 불과 몇백 년 전만 하더라도 마술책이 얼마나 성행했느냐 하는 것은 마술책을 주제로 하는 셰익스피어의 《*The Comedy of Errors* (코미디 오브 에러)》라는 희극을 보면 알 수 있습니다. 바울이 사역하던 당시 에베소에는 마술사가 상당히 많았는데 마술은 근본적으로 눈속임입니다. 사람의 손이 눈보다 빠르기 때문에 눈속임으로 '마술'을 하는데, 마술이 사람들의 관심을 끄는 것은 마술에 인간의 허영심을 불러일으키는 요소가 있기 때문입니다.

특히 에베소에서 성행했던 마술에는 상징적인 의미가 있었습니다. 어떻게 하면 조금 투자하여 많이 얻을까 하는 물질주의에 노예가 된 인간의 죄성을 대변하고 있는 것입니다. 그래서 마술은 마술사의 추종자들을 만드는 힘을 갖고 있습니다. 이들은 단순히 호기심에 사로잡힌 사람이 아니라, 마술의 힘에 의지하여 힘 들이지 않고 얻고 싶어하는 죄성으로 채워진 사람들입니다.

사도행전 8장 9-11절을 보면 마술사 시몬이 등장하는데, 성경은 사람들이 시몬의 말을 따랐다고 합니다. 마술을 행함으로 다른 사람의 관심과 영혼을 유혹하여 자기를 따르게 만든 후 물질적 유익을 취하는 것이 마술의 특징인 것입니다.

⛪ 우리 시대의 마술책, 처방전

어느 영국의 유명한 신학자가 쓴 《이 시대의 마술책은 무엇일까?》라는 흥미로운 글을 읽은 적이 있습니다. 그 글에 따르면 현대인들은 마술책 대신 하나님 이외에 의존하는 많은 것들을 지녔다는 것입니다. 그 중 이 시대에 마술책은 온갖 병을 고치기 위한 약 처방전일 수 있다는 것입니다. 참으로 흥미로운 지적입니다. 약 자체가 나쁘다는 것이 아닙니다. 약은 하나님께서 우리에게 필요에 따라 사용토록 허락하신 것으로 하나님의 통치와 지배 아래 있는 것입니다.

하지만 때론 우리에게 약이 주님이 되어 버립니다. 약을 의존할 때에는 약 이외에 다른 어느 것도 생각나지 않고 오로지 약만이 나를 도와줄 것이라고 생각하고 집착하는 모습입니다. 약 이외에도 우리가 의존하고 있는 것들은 수없이 많이 있습니다. 그래서 우리는 하나님께서 주시는 복음의 소리는 잘 듣지 못하고 우리의 마음을 빼앗아가는 다른 유혹의 속삭임에 홀려 우리의 삶을 그것에 지배당하도록 내어주는 것입니다. 이런 모든 것들이 바로 현대인에게 에베소의 마술책과 같은 것입니다.

내 집의 서가에 있는 마술책

우리 가운데 마술책이 있다면 그것은 우리를 단장하고 싶은 욕구와 물건들일 것입니다. 이제 이런 모든 것들을 과감히 내려놓아야 할 때입니다. 우리가 결단을 하고, 주님 앞에 우리 안에 참된 부흥을 가로막고 있는 모든 잡다한 것들을 내려놓을 때 성령의 역사가 일어납니다. 그리고 이때 비로소 하나님의 선한 영향력이 우리를 통하여 세상으로 퍼져나가는 부흥이 시작될 것입니다. 내가 가지고 있는 모든 마술책들과 내 안에 간직해 둔 모든 단장품들을 내려놓고 하나님의 선한 영향력이 우리를 통하여 걷잡을 수 없이 퍼져나가 세상을 뒤덮기를 갈망해 봅니다.

초대교회 이야기 6

잃어버린 첫사랑 이야기

요한계시록 2장 1-7절

에베소 교회의 사자에게 편지하라 오른손에 일곱 별을 붙잡고 일곱 금 촛대 사이에 거니시는 이가 이르시되 내가 네 행위와 수고와 네 인내를 알고 또 악한 자들을 용납하지 아니한 것과 자칭 사도라 하되 아닌 자들을 시험하여 그의 거짓된 것을 네가 드러낸 것과 또 네가 참고 내 이름을 위하여 견디고 게으르지 아니한 것을 아노라 그러나 너를 책망할 것이 있나니 너의 처음 사랑을 버렸느니라 그러므로 어디서 떨어졌는지를 생각하고 회개하여 처음 행위를 가지라 만일 그리하지 아니하고 회개하지 아니하면 내가 네게 가서 네 촛대를 그 자리에서 옮기리라 오직 네게 이것이 있으니 네가 니골라당의 행위를 미워하는도다 나도 이것을 미워하노라 귀 있는 자는 성령이 교회들에게 하시는 말씀을 들을지어다 이기는 그에게는 내가 하나님의 낙원에 있는 생명나무의 열매를 주어 먹게 하리라

🔔 얻는 것만큼 유지하는 것이 중요합니다

몇 년 전에 한국에서 영향력 있는 기독교 대학의 교수님을 모시고 부흥회를 한 적이 있었습니다. 부흥회는 담임 목회자 자신에게도 귀한 시간입니다. 목회자 또한 부흥회 기간에 강단을 통해

주시는 말씀으로 은혜로 재충전하지만, 강사와의 개인적인 교제를 통해서 얻는 유익 또한 쏠쏠합니다. 이때 오셨던 교수님과의 대화에서 오래도록 기억나는 것이 있습니다. 천국에 가면 우리는 어떻게 싱그러움을 매일 유지할 수 있느냐에 관한 것이었습니다.

사실 좋은 것도 익숙해지면 좋은지 모르고 살아갑니다. 그래서 가끔 불편한 환경에 처해 보는 것도 유익합니다. 예를 들어 선교지에 나가서 어렵게 사는 사람들을 보면 돕고 싶은 열망이 생겨서 은혜이지만 또한 내가 얼마나 감사함을 잊고 살았느냐를 깨달아 현재의 소중함을 일깨우곤 합니다. 천국생활에 대한 한 가지 의문은 천국이 좋은 곳임은 확실한데, 어떻게 이 좋음이 매일 새로울 수 있느냐 하는 것입니다. 교수님은 천국에서는 '미각'이 날마다 새로워짐으로 매일 싱그러운 생활을 할 수 있을 것이란 추론을 펼쳤습니다.

하지만 이 땅에 있는 동안에는 한 번 얻은 영성을 유지하는 것이 참 어렵습니다. 교회의 부흥도 마찬가지입니다. 교회가 한 번 부흥을 맛보고 성령의 새롭게 하심을 경험했지만, 부단히 노력해도 머지않아 우리는 다시 무뎌진 영성으로 변해 버렸음을 발견합니다. 그래서 신앙생활에는 날마다 주님 앞에 새롭게 서는 노력이 필요합니다. 또 교회는 매주일 신령한 예배를 드려야만 부흥의 힘을 유지할 수 있습니다. 어쩌면 이런 이유에서 성경은 '일용할' 양식에 대한 교훈을 주셨는지도 모릅니다.

에베소 초대교회의 50년 발자취

성경을 통해 한 교회가 50년 동안 지내온 내력을 살펴볼 수 있다는 특권이 있음을 아시나요? 물론 50년의 역사를 모조리 알 수는 없지만, 처음과 그후 10년 그리고 50년 뒤에 관한 기록이 있는 교회가 있으니 흥미롭습니다. 바로 에베소 교회입니다.

우리는 앞에서 '놀라운 부흥'의 주인공인 에베소 교회에 대해서 살폈습니다. 그리고 이제 50년 이후의 에베소 교회의 모습을 보려고 합니다. 이는 요한계시록에 기록된 에베소 교회를 향한 경고입니다. 이 말씀은 사도 요한이 밧모 섬에 유배되었을 때 주님께로부터 직접 받은 것입니다. 여기에는 칭찬도 있지만 그 중심에는 잘못된 모습에 대한 지적과 돌이킬 것에 대한 경고가 있습니다(계 2:1-7).

바울이 에베소에 교회를 개척한 것은 주후 53년경입니다. 약 3년 가까이 교회를 견고하게 세운 바울은 예루살렘에 갔다가 로마로 갈 것을 결심합니다. 예루살렘으로 향하던 길에 바울은 에베소 교회의 장로들을 에베소에서 남쪽으로 약 2시간 떨어져 있는 밀레도로 불러 마지막 교훈을 합니다(행 20:17-38). 거짓 교사들이 계속적으로 교회를 어지럽게 할 것을 예견했기 때문입니다. 이때 바울은 서로 다시는 얼굴을 보지 못할 것을 예언합니다(행 20:38).

수 년 뒤인 주후 62년경에 바울은 로마에서의 감금 상태에서 풀려난 후 다시 에베소 근처에 왔지만, 그 도시에 들르지 않고 디모데만을 남겨 둔 채 곧바로 전에 개척했던 빌립보와 데살로니가로 향하여 갑니다. 그후 에베소에서는 디모데가 중심이 되어 사역을 하게 됩니다. 이런 디모데를 돕기 위해서 바울이 쓴 편지가 디모데전서와 디모데후서입니다. 저는 이 두 편의 편지가 주후 65-67년 사이에 쓰여졌다고 생각합니다. 두 편지가 연달아 쓰여진 것이 아니고, 상당 기간을 두고 쓰여졌다고 믿습니다.

　요한계시록이 쓰여진 것은 주후 100년이 다 되었을 무렵입니다. 그러니까 바울이 처음 교회를 개척하고 거의 50년 후의 이야기입니다. 요한계시록의 저자인 사도 요한이 언제 에베소에 왔는지 정확한 연도를 알 수 없지만 대략 주후 85년경으로 추정해 볼 수 있습니다. 그가 이곳에 왔을 때 그는 이미 전설적인 인물이 되어 있었습니다. 그를 제외한 예수님의 열두 사도가 모두 천국에 갔고, 믿음의 제2세대들도 대부분 이 땅에 있지 않을 때였기 때문입니다. 특히 요한은 '예수님께서 사랑하시던 제자'였기 때문에 1세기 말 교회에서 그가 차지한 위치는 정말 대단한 것이었습니다. 그가 에베소에 올 때는 이미 80세를 넘긴 노령이었지만, 그는 에베소를 중심으로 주변 교회들에게 엄청난 영향력을 발휘했습니다.

　사도 요한이 이곳에 오기 전까지 그의 행적은 거의 알려져 있지 않습니다. 사도행전 초기에서 잠시 등장하고는(3:1; 8:14), 그에 관한 기록은 침묵으로 일관됩니다. 아마도 사도 요한은 그동안 십자가에서 예수님께서 친히 부탁하신 요청에 따라(요 19:26-27) 모친 마리아를 모시는 일을 위해 근 60년의 세월을 보낸 것 같습니다. 그의 인생은 에베소에 온 이후에도 그리 평탄하지 않았습니다. 결국 그는 말년에 로마제국이 기독교에 대한 박해를 강화할 때 에베소에서 멀지 않은 지중해 상의 밧모라고 하는 섬에 유배를 가게 됩니다. 그는 그곳에서 소아시아의 일곱 교회를 향하여 주님께서 주시는 계시를 받게 됩니다. 이 중 에베소 교회를 위한 계시가 요한계시록 2장 1-7절에 기록되어 있습니다.

사도행전이 기록한 바울의 에베소 전도와 요한이 쓴 요한계시록 사이에도 에베소에 관한 이야기를 엿볼 수 있는 자료들이 있는데, 바울이 A.D. 60년 초에 로마 감금 상태에서 쓴 에베소서와 몇 년 뒤에 감금에서 풀려나서 쓴 디모데전서입니다. 특히 후자에는 사도행전에 예언된 거짓 교사들이 교회를 어지럽게 한 배경을 담고 있으며, 바울이 교회를 조직적으로 정비하려는 노력을 하고 있음을 보여줍니다.

에베소 주변의 도시들

에베소 자체도 대도시였지만, 에베소를 중심으로 100킬로미터 내외에 에베소에 못지않은 대규모 도시들이 있었습니다. 북쪽에 서머나, 남쪽에 밀레도, 동쪽에 마그네시아가 있었습니다.[27] 그래서 에베소는 기독교의 영향력을 크게 펼칠 수 있는 좋은 입지 조건을 가지고 있었습니다. 사도 바울은 한동안 이 에베소를 거점으로 힘있게 땅끝 선교를 펼쳐가며, 특히 두란노 서원을 중심으로 인재들을 키우고 그들을 통해 지금의 터키, 당시의 소아시아 전역을 선교하는 데 성공합니다(행 19:10). 그 영향력으로 에베소뿐 아니라 주변의 대도시들마다 교회가 세워졌습니다. 계시록에 나오는 소아시아의 일곱 교회는 1세기 후반 사도 요한의 지도 아래 있었던 것으로 보이지만, 그 시작은 모두 두란노 서원 출신의 전도자들에 의한 것으로 보입니다.

---

[27] 마그네시아란 도시는 우리에게 다소 생소합니다. 2세기 초 안디옥에서 목회했던 순교자이자 감독이었던 이그나시우가 소아시아, 지금의 터키 서쪽에 있었던 일곱 교회에 편지를 하는데, 이 중에 마그네시아가 있었습니다.

♟ 오랜 영적 전투가 남긴 아쉬움

제가 좋아하는 선교사님이 계십니다. 그분은 10년을 넘게 그리스 데살로니가에서 집시들을 위하여 삶을 드린 분입니다. 개인적으로는 그리스 지역의 현장학습 때에 함께해 주셨던 고마운 분이기도 합니다. 학습여행 중에 데살로니가의 커피숍에서 선교사님이 넋두리 삼아 하신 말씀이 제 귓속으로 들어와 자리잡았습니다.

"선교사로 10년을 섬기면서 현지인들에게 치이고, 속고(속아주고), 애환을 겪다 보니, 마음이 악어와 같이 굳어져 버렸습니다. 선교사로서의 사역을 오래 제대로 하려다 보면 모두들 이렇게 된답니다. 허허허(너털웃음!)."

이 너털웃음은 오랜 기간을 영적 전투의 최전선에서 싸우다 보니, 한편으로는 누구도 넘볼 수 없는 영적인 예리함과 강건함을 터득하였지만, 다른 한편으로는 부드러운 속살과 같은 첫사랑의 담백함을 잃어버렸다는 하소연이었습니다.

에베소 교회는 신학적으로 견고하게 서서 바울이 예언했던 거짓 가르침을 단호하게 물리치면서(행 20:29-30) 교회가 지켜야 할 신학적 순결을 유지했습니다. 에베소 교회는 악한 자들을 일체 용납하지 않았고, 자칭 사도라 하되 아닌 자를 시험하여 그의 거짓된 것을 드러내었습니다(계 2:2). 실제로 '자칭 사도'라고 하는 자들을 멀리하기는 쉬우나 적극적으로 이들을 테스트하여 그들의 거짓을 드러내는 일은 쉽지 않습니다. 상당한 수준의 신학적인 깊이와 영적인 분별력이 탁월한 리더들이 있어야 함은 물론, 성도들의 전반적인 수준도 상당히 성숙되어 있어야 가능한 것입니다.

영적 분별력

언젠가 한 성도님으로부터 고민이 무겁게 담겨 있는 이메일을 받았습니다. 자신이 좋아하는 기독교 작가가 필립 얀시와 C.S. 루이스인데, 누군가로부터 이 두 분의 글이 신학적으로 문제가 있다는 비평을 들었다는 것입니다. 도대체 누구를 믿어야 하며, 무엇을 기준 삼아야 하느냐는 것입니다. 이런 정도의 문제를 스스로 해결할 만한 예리한 신학적 분별력과 기준을 일반 성도가 갖추기는 상당히 어려운 일이기에 고민이 생길 법도 합니다.

이단적인 글과 정통 기독교적인 글에는 분명한 차이가 있지만, 이것을 일반 성도가 선명하게 밝혀서 구별해 내는 것은 쉽지 않습니다. 또 이런 일에 자꾸 휘말리다 보면, 오히려 심령이 메말라져서 은혜의 촉촉함을 잃어버릴 위험도 있습니다. 그래서 적지 않은 사람들이 이런 고민을 회피할 뿐, 진상을 밝히려 하지는 않습니다.

하지만 대부분의 거짓 가르침은 기본적인 영적 분별력만 있어도 파악이 가능합니다. 이것은 조금만 정신을 차리고 생각해 보아도 분별할 수 있는 수준인 것입니다. 이들은 쉽게 식별되는 혼동된 가르침을 말하고, 구원에 대해서도 이상한 설명을 합니다. 무엇보다도 이들이 가지고 있는 소위 카리스마는 사람들을 질식하게 하는 억누름형 권위입니다. 그래서 이들이 가르치는 삶의 방식은 때로는 지나치게 율법적이며, 어떤 것에서는 지나치게 자유롭습니다.[28]

에베소 교회는 신학적으로 잘 훈련된 성도들이 지키고 있었던 교회였습니다. 이들은 상당한 수준의 신학적 분별력이 있었습니다. 그리고 잘못된 영이 거짓 가르침의 모습으로 교회에 침투하는 것을 필사적으로 막아 내었습니다. 바울의 유언이 50년 가까운 세월 동안 교회 안에서 살아 움직였던 것입니다.

♟ 니골라당

에베소 교회의 대단한 업적 중 하나는 니골라당을 미워하며 이들이 교회 안으로 파고드는 것을 물리친 것입니다. 니골라당에 관한 기록은 요한계시록의 일곱 교회 중 하나인 버가모 교회를 향한 계시에서도 언급되어 있지만, 요한계시록의 기록 외에는 많지 않아 이들의 실체를 파악하기가 어렵습니다. 이들이 교회를 위협했던 기간 자체가 길지 않았던 것 같습니다. 어쨌든 이 니골라당이 에베소와 버가모 교회를 어지럽힌 것은 당시로서는 상당히 경계할 만한 것이었습니다.

니골라당의 어원은 '니카오'인데, 승리란 뜻입니다. 세상에서 승리하는 일에 도취된 세속주의적 경향이 뚜렷하여 성도들이 세속적이 되도록 물들이는 거짓 교훈의 대표격이었던 것 같습니다. 세상에서 승리를 추구하는 것은 사람들이 공통적으로 바라는 것이며, 이는 사람들에게 종교적 열심을 불러일으키기에 충분합니다. 사람들에게 세상에서의 승리를 위하여 기독교를 믿으라고 전하면, 모두들 솔깃합니다. 니골라당의 문제점에 관하여 버가모 교

---

28) 이단의 가르침에는 공통적인 특징이 있습니다. 한편으로는 방종에 가까운 자유로움을, 다른 한편으로는 삶을 얽어매는 엄격함을 강조합니다. 인간의 죄성이 얽매이기 싫어하는 것에는 면죄부를, 영혼의 자유함을 위해서 너그러워야 할 부분에는 얽어맴을 가르칩니다. 이들은 전자를 통하여 인기를 얻고 후자를 통하여 권위를 쟁취합니다.

회를 향하여 준 요한계시록의 교훈을 보면(계 2:14-15), 니골라당이 구약의 실족한 선지자 '발람'과 비교되고 있습니다.

구약의 니골라당, 발람의 교훈 바로 알기

발람의 교훈은 이스라엘 백성이 광야를 통과하면서 주변 민족들에게 큰 위협을 줄 때 있었던 사건입니다. 그의 교묘함은 두고 두고 경계해야 할 대상의 상징으로 기억되었습니다(벧후 2:15-16). 발람은 이스라엘의 선지자였습니다. 하나님의 백성이 몰려온다는 이야기를 들은 이방의 지도자 발락은 발람을 찾아가 하나님의 백성을 저주해 달라고 합니다. 엄청난 뇌물을 들고 지극정성처럼 보이는 감언이설로 발람을 꼬드기지만, 발람은 물론 하나님의 백성을 저주하지 않습니다.

하지만 그의 마음은 중심에서부터 흔들리고 있었습니다.[29] 결국 그는 저주보다 더 무서운 비법을 가르쳐 줍니다. 교묘히 하나님을 상대적으로만 중요하게 여기도록 하는 세상의 가치를 주입시키는 법을 가르쳐 주었기 때문입니다.

발람의 가르침은 교묘함의 극치였습니다. 겉으로는 여호와를 배반한 것 같지 않으나 하나님의 백성이 세상과 섞여서 결국 그들

---

29) 그의 마음이 흔들리는 것을 막기 위해서 하나님이 나귀를 통해서 말씀하셨던 유명한 사건입니다. 베드로후서는 이 사건을 이렇게 해설합니다. "브올의 아들 발람의 길을 따르는도다 그는 불의의 삯을 사랑하다가 자기의 불법으로 말미암아 책망을 받아 말하지 못하는 나귀가 사람의 소리로 말하여 이 선지자의 미친 행동을 저지하였느니라"(벧후 2:15-16). 하지만 결국 그는 발락에게 하나님의 백성을 어둡게 할 교묘한 길을 가르쳐줍니다.

의 독특한 맛을 잃게 되는 '혼합주의'로 성도들을 현혹시키라는 것입니다. 처음에는 별것 아닌 것 같고 좋은 것이 좋다는 말로 슬며시 세속주의가 들어오게 한 것입니다. 세속주의는 대표적인 혼합주의이며, 그 본질이 교묘하여 겉으로는 기독교의 중심을 인정하는 듯하게 보이지만 실제로는 기독교를 물들여서 혼합주의적인 신앙으로 몰고 갑니다.

기독교 핵심의 교리를 공격하지 않기 때문에 별 위험성이 없어 보이면서 인간의 죄성이 원하는 것을 자유롭게 추구할 수 있도록 부추기기 때문에 많은 사람들의 관심을 끌기 마련입니다. 대부분의 사람이 이것에 관심을 기울이기 때문에 이를 적극적으로 배격하지 못하게 만드는 것입니다.

당시에도 그랬지만, 요즘같이 대중의 반응이 최우선인 문화 속에서 만약 당시의 니골라당이나 발람 같은 가르침이 교회를 파고든다면 교회는 이를 방어해 내기가 참으로 어려울 것입니다. 분명한 것은 당시 니골라당은 기독교의 근본 진리를 어둡게 했던 거짓 가르침이었다는 것입니다(딤전 1:3-4 참조).

✝ 성경 속에 있는 샌드위치

이제 본문의 핵심을 살펴봅시다. 본문의 의미를 살펴보기 위해서 흥미로운 관찰을 해보았으면 합니다. '샌드위치'란 단어를 떠올려봅시다. 이 말은 18세기 초반 영국의 정치가였던 존 몬택 샌드위치 백작으로부터 유래합니다. 카드놀이를 일삼던 그는 카드의 패가 한참 좋을 때에 식사 시간이 되자 하인에게 빵에 야채와 고기를 넣어 오라고 했는데 그 맛이 참 좋았습니다. 그래서 그는 종종 빵에 야채와 고기를 섞은 샌드위치를 즐겨 먹게 되었는데, 그의 이름을 따서 이것을 샌드위치라고 불렀다고 합니다.

성경에도 샌드위치가 있습니다.[30] 유대인들은 글을 쓸 때에 두 이야기 속에 진짜 쓰고 싶은 주제가 담긴 이야기를 끼워 넣는 습성이 있습니다. 마치 빵을 둘로 쪼개고 그 안에 야채와 고기를 넣어 빵과 조화를 이루어 먹는 것과 같습니다. 에베소 교회를 향한 주님의 경고가 이런 형식입니다. 2-3절과 6절은 에베소 교회가 잘 한 것에 관한 칭찬입니다. 이런 칭찬 사이에 책망이 끼워져 있습니다(4-5절).

이 구조를 통하여 주님의 마음을 읽을 수 있게 됩니다. 잘한 것을 인정하면서 온전해지길 바라시기에 책망도 하신 것입니다. 그리고 에베소 교회가 받았던 책망의 내용은 무척 중요한 것이니 명심하라는 의미입니다. '처음 사랑을 버렸다'는 선언과 이런 처음 사랑에 근거한 처음 행위를 회복하라는 명령입니다. 이 명령은 준엄하여 지키지 못할 경우에 닥칠 벌에 대한 경고도 첨가되어 있습니다. "만일 그리하지 아니하고 회개하지 아니하면 내가 네게 가서 네 촛대를 그 자리에서 옮기리라"(5절).

---

30) 이런 샌드위치가 많이 발견되는 책이 마가복음입니다. 대표적으로 마가복음 5장에 나옵니다. 예수님께서 회당장 야이로의 열두 살 난 딸을 고치러 가는 중에 12년 동안 혈루증을 앓던 여인을 만납니다. 이 여인이 고침을 받은 사건에 이어서 열두 살 난 야이로의 딸이 죽음에서 일어나는 사건이 계속됩니다. 야이로의 딸을 고친 사건이 빵이고, 혈루병을 앓던 여인이 고침받은 사건이 고기와 야채입니다. 이 두 사건은 서로 조화를 이루고 있습니다. 숫자 12를 통하여 두 사건은 하나처럼 연결되어 있고 또 두 사건의 주제가 모두 믿음이란 점도 같습니다. 마가는 두 사건을 샌드위치로 엮어놓음으로 혈루병 여인의 믿음을 강조하고 있습니다.

✟ 회복의 메시지

에베소 교회를 향한 계시는 첫사랑에서 멀어졌을 때 어떻게 회복하느냐 하는 메시지입니다. 타오르던 부흥의 불꽃도 교회가 세파에 시달리거나 세속주의가 파고들면서 시들해질 수 있습니다. 부흥이 주춤할 때 공통적인 현상이 교회가 첫사랑을 잃어버린 것입니다. 다른 것들이 다 잘 있어 별 문제가 없는 것 같지만, 첫사랑을 잃어버린 교회는 부흥이 주는 신선함과 역동성을 잃어버리게 됩니다.

성경에는 우리의 모습을 진단하도록 돕는 내용이 많이 있습니다. 우리의 위선과 바르지 못한 부분을 아주 예리하게 파고들어 책망하는 내용들입니다. 예를 들어 '선을 알고도 행치 않는 것은 죄다'라고 경고합니다(약 4:17). 누구도 하나님의 뜻을 온전하게 행하는 사람은 없습니다. 하지만 다행히도 성경은 이렇게 심하게 망가진 우리를 회복시키는 길에 대해서 너무나도 선명하고도 쉬운 길을 제시해 주고 있습니다.

부흥하던 에베소 교회는 '시간의 흐름' 그리고 '거짓 교훈과의 전쟁'을 통해서 점차로 각박한 영성으로 전락했습니다. 교회가 부흥할 때에는 공동체 안에 놀라운 탄력성과 수용성이 있습니다. 물론 이것은 결코 무분별한 용납이 아닙니다. 부흥은 성령의 사역이므로 인간이 경험하기 힘든 분별의 예리함을 갖추면서도 동시에 다른 것이 녹아져서 수용될 만큼의 흡수력을 공급합니다.

그래서 부흥이 일어나면, 사람들의 수가 늘게 되어 있는데도 이들 사이에 묘한 일체감이 생기며 그 가운데 놀라운 헌신이 줄을 지어 일어납니다(참된 부흥이 없이 숫자가 많아지는 경우에는 헌신은 줄고

미루기에 급급한 모습이 나타납니다. 저렇게 많은 사람들 중에 누가 하겠지!). 훈련을 받겠다는 자원자가 늘어나며 서로가 남을 대접하고자 하는 자원의 손길이 풍성해집니다. 남의 약점도 은혜로 가리워져서 문제가 되지 않게 됩니다.

하지만 교회에도 '나이'가 있어 항상 부흥의 탄력성 넘치는 상태를 유지할 수 있는 것이 아닙니다. 한때 그러했던 교회들도 시간이 흐르면 기성화되면서 생동감 넘치는 탄력성이 줄고, 불필요하게 긴 토의가 빈번해지고, 형제를 설득하는 데 수많은 힘과 에너지를 써야 하는 상황으로 전락됩니다. 요한계시록의 에베소 교회가 이런 모습이었습니다. 그리고 주님은 계시를 통하여 이들에게 회개하라는 경고의 메시지를 주십니다.

세 단계로 회복하라

에베소 교회가 부흥을 잃어버린 이유는 '처음 사랑'을 버렸기 때문입니다. 이는 요한을 통하여 주님이 주셨던 책망의 핵심입니다. "그러나 너를 책망할 것이 있나니 너의 처음 사랑을 버렸느니라"(4절). 여기서 '책망할 것이 있다'는 강하게 책망할 때 쓰는 표현이 아닙니다. '내가 너에게 살짝 거슬리는 것이 있다'는 정도의 약한 책망입니다.

따라서 주님이 에베소 교회를 향하여서는 근본적으로 칭찬을 하시고 계시다는 해석이 더 적절합니다. '버렸다'는 동사는 의도적으로 버려서 그 결과가 지금도 분명하게 남아 있는 상태가 아니라, '버린 적이 있다'는 정도의 약한 의미입니다. 그렇지만 이런 미미한 잘못을 하고 있는 듯한 에베소 교회를 향하여서도 주님은 단호히 경고를 하십니다. '회개하고 돌이켜 처음 행위를 가지라. 그리하지 않으면 촛대를 옮기리라'(5절).

본문의 핵심은 에베소 교회가 저버린 것에 대한 책망과 함께 회복을 위한 방법을 가르쳐주신 것입니다(5절). 이 회복의 방법에는 세 단계가 있습니다. 첫째로 어디에서 떨어졌는지를 생각하고, 둘째로 회개하고 돌이켜, 셋째로 처음 행위를 회복하라는 것입니다.

성경과 기억

성경은 기억의 중요성을 소홀히 다루지 않습니다. 사실 수많은 성도들이 필요한 것을 잘 기억하려고 하지 않습니다. 주님이 주셨던 축복을 잘 기억하는 것이 얼마나 큰 축복인지를 잘 모르는 성도가 많이 있습니다. 우리는 너무나 많은 축복을 받고도 금세 잊어버리고 또 다른 축복을 구하고 있습니다. '기억'은 성령께서 우리를 주관하시는 중요한 방편입니다. 나의 기억 속에 좋은 것만, 영원함을 위해서 요긴한 것만을 기억할 수 있도록 기도하는 것은 지혜로운 것입니다.

아버지에 대한 나쁜 기억이 있으신가요?

저의 부친은 제가 열여섯 살 때에 하나님 곁으로 가셨습니다. 사회적으로 훌륭한 분이었다고 생각합니다. 하지만 부친이 남겨준 모든 것이 좋은 것만은 아니었습니다. 곰곰이 생각해 보면 참 이상한 것도 있었고, 아쉬운 모습도 있었고, 특히 화를 내시는 모습이 무서웠던 경험도 있습니다.

하지만 어느 때부터인지 부친을 생각할 때마다 좋은 기억만 남아 있음을 발견하게 되었습니다. 그리고 이것이 얼마나 큰 성령의 선물인지도 알게 되었습니다. 이때부터 저는 저의 자녀를 위한 중요한 기도 한 가지를 새롭게 알게 되었습니다. "성령께서 저들의 기억을 주장하사 영원함을 위해 필요한 것들만을 기억하는 은혜를 주시옵소서!"

♠ 어디서 떨어졌는지를 기억하라

회복의 첫 번째 단계는 기억하는 것입니다. 특별히 어디서 문제가 생겼는지를 잘 파악하는 것입니다. 이를 위해서 성령은 나를 돕고 계십니다. 필요한 것을 기억나게 하는 것은 우리 안에 계시는 성령의 역할이기 때문입니다. 예수님께서 이 땅의 사역을 마치시고 아버지께로 돌아가실 때 우리를 위해 보혜사 성령께서 오신다고 하셨습니다. "보혜사 곧 아버지께서 내 이름으로 보내실 성령 그가 너희에게 모든 것을 가르치고 내가 너희에게 말한 모든 것을 생각나게 하리라"고 말씀했습니다(요 14:26).

성령은 특별히 우리로 하여금 하나님의 은혜를 기억하게 하십니다. 우리가 받았던 은혜의 고마움과 충만함을 기억하게 하시고, 어떻게 그 은혜의 자리로 나아갈 수 있는지에 관해 가르쳐주십니다. 우리가 은혜를 어디서 잃었는지 기억해 낼 때 은혜를 되찾을 수 있는 것입니다.

어쩌면 우리 모두가 은혜를 잃어버린 곳은 바로 지금 서 있는 이 자리일 수도 있습니다. 은혜에서 멀어지면 대체로 두 가지 중 한 가지 모습으로 전락합니다. 하나님의 일을 포기하고 '세상'으로 돌아가든지(데마처럼 [딤후 4:10 상]), 아니면 하나님을 외형적으로는 섬기고 있지만 나 자신의 힘과 수고로 힘겹게 지탱하고 있는 것입니다. 아마도 에베소 교회는 후자였던 것 같습니다. 우리가 영적으로 고갈되었을 때 은혜에서 떨어진 곳을 생각하면서 회개하고 돌아서면, 우리는 이전의 은혜를 회복하는 것을 뛰어넘어 더 깊은 은혜의 세계를 경험하게 되는 것입니다.

회개하고 돌아가라

회개는 회복을 위한 두 번째 단계입니다. 회개는 원래 있던 장소로 혹은 있어야 했던 장소로 돌아가는 것을 말합니다. 부흥은 반드시 회개와 함께합니다. 부흥이 있었던 곳에 회개가 없었던 적은 없습니다. 회개는 자신의 잘못된 행동이나 상태를 사무치게 아파하는 것이며, 그것을 교정하여 원래의 상태로 되돌리려는 노력을 시작하는 것입니다. 부흥은 공동체 속에서 일어납니다. 자신의 잘못을 벗어나서 전심으로 주님을 향하는 다수의 무리가 동시에 나타나는 것입니다. 부흥은 공동체 속에서 일어나지만, 또한 개인적인 것이기도 합니다. 왜냐하면 부흥은 개인적인 회개 없이 가능하지 않기 때문입니다.

이삭과 우물

우리는 '이삭의 우물' 이야기를 통해서 회개를 할 때 '어디로 돌아가야 하는지'에 관한 교훈을 찾을 수 있습니다. 이삭이 아버지의 뒤를 이어 자기 부족(clan)을 이끌고 여러 지역을 이동하면서 다닐 때 가장 먼저 해결해야 하는 과제가 있었습니다. 바로 '물의 공급처'를 찾는 것이었습니다. 이것은 당시 리더에게는 꼭 필요한 능력 중 하나였습니다.

　이 시대의 부흥을 위한 회개의 시작은 이삭 당시의 '물의 공급처'를 찾는 것과 비슷합니다. 부흥은 시들해졌던 심령에 활기를 얻는 것입니다. 유연성이 없던 메마른 영성에 생명으로 가득찬 포용력이 나타나는 것입니다. 이는 말씀으로 흥왕해지는 것이며 주님의 통치가 세상 전역으로 확장되는 것을 갈망하는 것입니다.

　이삭은 새로운 우물을 파려고 하지 않았습니다. 그는 아버지 아브라함이 가는 곳마다 우물을 팠고 아브라함이 판 곳마다 물이 공급되었다는 사실을 '기억' 했습니다. 그리고 그는 이전에 아버지가 파놓은 우물이 있던 자리로 돌아갔습니다. 물론 이 우물들은 언뜻 보기에 더 이상 쓸 수 없게 되었습니다. 쓰레기로 채워져 있었기 때문입니다. 아브라함 이후 그를 대적하던 블레셋 사람들이 아브라함이 판 우물 속에 잡동사니를 쳐넣어 우물을 메운 것입니다. 하지만 이삭은 잡동사니로 메워진 우물을 소제하기만 하면 아주 멋진 물의 공급처를 얻을 수 있음을 알았습니다. 이는 어떤 것보다 확실한 방법이었습니다. 이미 오랫동안 많은 사람이 이 우물을 통하여 물을 공급받았던 과거가 있었기 때문입니다.

　"이삭이 그곳을 떠나 그랄 골짜기에 장막을 치고 거기 거류하며 그 아버지 아브라함 때에 팠던 우물들을 다시 팠으니 이는 아브라함이 죽은 후에 블레셋 사람이 그 우물들을 메웠음이라 이삭이 그 우물들의 이름을 그의 아버지가 부르던 이름으로 불렀더라"(창 26:17-18).

　우리 안에 가득한 잡동사니와 같은 쓰레기를 제거하는 것이 회개입니다. 신선한 물의 공급, 곧 부흥은 바로 회개를 통해 얻을 수 있는 것입니다.

예레미야 선지자는 이스라엘 백성을 향하여 이렇게 경고합니다. "내 백성이 두 가지 악을 행하였나니 곧 생수의 근원 되는 나를 버린 것과 스스로 웅덩이를 판 것인데 그것은 그 물을 가두지 못할 터진 웅덩이들이니라"(렘 2:13).

어쩌면 이 시대는 터진 웅덩이를 찾아 헤매는 사람들로 가득한 세대인 듯합니다. 생수가 아닌 썩어버릴 것에 온갖 정신을 팔면서 생수의 근원을 스스로 막아버린 어리석은 사람들로 가득합니다. 우리가 다시 소생하기 위해 회개하는 것은 새로운 우물을 찾는 것이 아니라 이미 알고 있는 그러나 쓰레기로 메워진 우물을 소제하는 것입니다.

✝ 처음 행위의 회복

에베소 교회를 향한 예수님의 교훈 중에는 세 번째 단계가 하이라이트입니다. 바로 '처음 행위'를 가지라는 것입니다. 처음 사랑에서 멀어졌기 때문에 모든 문제가 발생했는데, 회복의 단계에서는 왜 처음 사랑을 회복하는 것으로만 되지 않고 그 사랑에 근거한 행위의 회복이 필요할까요? 에베소 교회에 있었던 '처음 행위'는 '처음 사랑'에서 우러나오는 자발적인 헌신이었습니다.

어떠한 조건이나 대가도 바라지 않고, 환경의 지배를 받지도 않았습니다. 요한계시록의 독자들도 누구나 '처음 사랑'을 경험했을 것이며, 그 사랑에서 비롯된 아름다운 행위에 대해서도 잘 알고 있었을 것입니다. 사도 요한의 글을 읽는 순간 에베소 교회 성도들은 분명 그들의 처음 사랑의 기억을 떠올리며 깨달음이 생겼을 것입니다.

연애에 빠진 친구가 있었습니다. 이 친구의 별명은 '미스터 게으름' 입니다. 얼마나 게으른지 이 친구에게 잠언에 나오는 이야기가 딱 맞는다고 할 수 있었습니다. "게으른 자는 말하기를 사자가 밖에 있은즉 내가 나가면 거리에서 찢기겠다"(잠 22:13). 그는 밖에 나가지 않고 집에서 뒹구는 것이 일이며, 학교의 수업에는 가끔 오고, 1교시는 절대로 오는 적이 없었습니다.

그런데 이 친구가 1교시의 이른 아침 수업에 나타났다는 소식이 들렸습니다. 그것도 말끔하게 꽃단장을 하고 말입니다. 수업 태도도 진지했다고 합니다. 노트 필기를 정성스럽게 하더랍니다. 알고 보니, 여자 친구가 아파서 그녀 대신 강의에 참석한 것이었습니다. 강의 후에는 곧바로 노트를 들고 여자 친구에게 달려갔습니다. 자신을 위해서도 하지 않던 일을 사랑하는 사람을 위해서는 기꺼이 할 수 있게 되는 것입니다.

♛ 껍데기 행위가 일으킨 문제점

하지만 처음 사랑을 저버리게 되면 그 사랑에서 비롯되어 공동체를 세우려던 모든 행위들도 점차적으로 시들기 마련입니다. 따라서 시들해진 사랑을 참되게 회복하는 것은 마음속에 사랑을 다시 일으킨다고 해서 되는 것이 아닙니다. 왜냐하면 아직 껍데기 행위가 남아 있기 때문에 회복된 사랑이 행위의 변화로 나타나지 않으면, 회복된 사랑은 곧 시들 수밖에 없기 때문입니다. 처음에 사랑을 하면, 어떻게 행동해야 할지 잘 모를 수 있습니다. 그래서 무엇인가 사랑을 표현하려고 어색한 행동도 합니다.

그런데 사랑이 식어진 후에는 사랑에서 우러나는 진실된 행위가 많이 희석된 상태에서도 사랑이 있는 것처럼 보일 수 있습니다. 처음 사랑의 회복은 단순히 사랑하는 마음을 잠시 기억해 내어 이것이 좋다고 느껴보는 것으로 성취되지 않습니다. 처음처럼 사랑이 담긴 '사랑의 행위'가 반드시 다시 나타나야 합니다.

야고보서의 교훈

야고보서를 주의 깊게 읽어봅시다. 야고보 사도는 '믿음과 행위'에 대해서 이야기를 하면서 진정한 '믿음'은 반드시 이에 해당하는 '행위'가 함께 있어야 함을 강조합니다. 처음에는 믿는 대로 행동을 합니다. 그래서 믿음과 행위가 대체로 크게 어긋나지 않습니다. 그런데 소위 신앙생활에 익숙해지면, 말로 때우기를 시작합니다. '아 그렇군요' 하면서 동정의 표정을 짓지만 마음은 꼭 그렇지 않을 때도 있습니다.

'기도하지요' 라고 말하지만, 실제로는 상대를 위해 간절한 중보기도를 드리지 않을 때도 생깁니다. 말은 그럴싸하게 하여 믿음이 제법 있는 사람 같은데, 이에 걸맞는 '참 행위'는 하지 않는 모순된 신앙생활이 싹트기 시작합니다.

야고보서 2장 15-16절은 이런 성도들을 지적한 것입니다. "어떤 형제나 자매가 헐벗고, 그 날 먹을 것조차 없는데, 여러분 가운데서 누가 그들에게 말하기를 '평안히 가서, 몸을 따뜻하게 하고, 배부르게 먹으십시오' 하면서, 말만 하고 몸에 필요한 것들을 주지 않는다고 하면, 무슨 소용이 있겠습니까?"(표준새번역 개정판).

말은 자신을 속이기에 아주 편리한 도구입니다. 말로 자꾸 자기를 치장하여 없는 것을 있는 것처럼, 작은 것을 많은 것처럼 과장하다 보면 스스로 속게 되고 착각하게 됩니다. 말은 자신을 쉽게 멋진 사람으로 위장시킬 수 있는 요술 방망이처럼 보일 때가 있지만, 그것이 결국 자신의 영혼에 깊은 손상을 입히는 것이란 사실도 알아야 합니다.

♣ 놓칠 수 없는 메시지

처음 행위의 회복이란 처음 사랑을 받았을 때 하던 바로 그 행위를 똑같이 반복하는 것이 아닙니다. 성경은 회복을 말할 때 과거로 회귀하는 것만을 뜻하지 않습니다. 처음에 하나님 앞에서 가졌던 온전한 태도와 마음을 다시 갖는 것을 의미합니다. 처음 은혜받았을 때 새벽기도를 열심히 하던 사람에게 후에 '처음 행위'를 회복하라는 명령은 처음과 같은 교회에 가서 같은 자리에 앉아 새벽기도를 다시 시작해야만 한다는 뜻이 아닙니다.

물론 이것도 필요하고 유익합니다. 하지만 처음 행위에서 회복해야 하는 것은 처음과 똑같은 행동이 아니라, 그 행동을 가능하게 했던 하나님을 향하여 가졌던 온전한 마음을 회복하는 것입니다. 그 온전한 마음을 지금 상황에서 가장 적절한 방법으로 표현하는 행동으로 나타내는 것을 뜻합니다. 대체로 회복된 행위는 처음 행위보다 성숙한 것이어야 합니다. 회복된 '처음 행위'는 처음처럼 하나님을 인생의 첫자리에 두는 것입니다.

'처음 행위'의 회복은 하나님에 대한 사랑을 다시 내 인생의 첫자리에 두는 것에서 시작됩니다. 이런 태도에서 비롯되어 주님을 최고로 사랑하는 행위를 회복하는 것이 '처음 사랑'을 회복하는 구체적인 모습일 것입니다. 바울에게 '처음'이란 말은 '원래'의 의미도 있지만, '가장 먼저 행하는'이란 의미도 있습니다. 우리에게 비교적 친숙한 바울의 고백은 "죄인 중에 내가 괴수니라"란 표현입니다(딤전 1:15). 우리말 번역은 조금 지나친 면이 있지만 직역을 하면 '나는 죄를 짓는 일에 누구보다 앞서 행동합니다' 정도면 적절합니다. 첫사랑에서 우러나오는 '처음 행위'는 내가 가장 먼저 하는 행위, 곧 가장 힘써 추구하고 늘 생각하고 있어서 틈만 있으면 하고 싶어지는 행위를 말합니다. 부흥은 하나님을 사랑하는 것을 내 삶의 첫자리에 두는 것이며, 하나님을 무엇보다도 사랑하는 사람으로 회복되는 것입니다.

⛪ '돌탕'과 '집탕'

'돌탕'을 아시나요? 주일예배와 예배 사이에 제 사무실 밖 공간에서 제법 톤이 높고 음량이 꽤나 큰 여성도들의 소리가 들렸습니다. 호기심이 발동하여 나가 보았는데, 여집사님 한 분이 옆에 있는 친구를 소개하는 것이었습니다. "목사님, 얘가 돌탕입니다." 그때 처음으로 '돌탕'의 의미를 알았습니다.

처음에는 '목욕탕의 한 종류인가? 냉탕, 온탕, 돌탕 하고 생각했는데, 알고 보니 돌탕은 '돌아온 탕자'의 줄임말이었습니다. 교회를 열심히 다니다가 쉬고 있던 교우가 다시 교회에 나올 때 '돌탕'이란 말을 합니다. 그러면 '집탕'은 집에 쭉 남아 있던 '탕자의 형,' 곧 또 다른 탕자를 가리키는 말이 될 것입니다.

에베소 교회는 '집탕'과 같았습니다. 여러 가지 수고를 하고 이

단과 힘써 싸우는 동안 아버지의 마음에서 멀어진 모습이었습니다. 이 시대의 교회들에도 이런 에베소 교회의 모습이 많이 보입니다. 한때 부흥하다가 그 부흥에서 멀어진 교회가 적지 않습니다. 부흥에서 멀어질 때 필연적으로 나타나는 현상이 뚜렷하게 보이는 교회들이 점점 많아지는 것 같아 안타깝습니다.

초대교회 이야기 7

이름 없는 사람들이
로마제국을 접수한 이야기

로마서 16장 1-5, 12절

내가 겐그레아 교회의 일꾼으로 있는 우리 자매 뵈뵈를 너희에게 추천하노니 너희는 주 안에서 성도들의 합당한 예절로 그를 영접하고 무엇이든지 그에게 소용되는 바를 도와 줄지니 이는 그가 여러 사람과 나의 보호자가 되었음이라 너희는 그리스도 예수 안에서 나의 동역자들인 브리스가와 아굴라에게 문안하라 그들은 내 목숨을 위하여 자기들의 목까지도 내놓았나니 나뿐 아니라 이방인의 모든 교회도 그들에게 감사하느니라 또 저의 집에 있는 교회에도 문안하라 내가 사랑하는 에배네도에게 문안하라 그는 아시아에서 그리스도께 처음 맺은 열매니라
주 안에서 수고한 드루배나와 드루보사에게 문안하라 주 안에서 많이 수고하고 사랑하는 버시에게 문안하라

♱ 맨해튼과 로마

해외에 나가면 어디서 왔느냐는 질문을 받습니다. 뉴욕/뉴저지에서 왔다고 하면 대체로 젊은 사람들이나 외국인은 부러워하는 반응을 보입니다(목회자들이나 선교사님들은 대체로 LA에서 왔다고 하면

더 반갑게 반응합니다). 뉴욕/뉴저지가 부러움의 대상이 되는 것은 맨해튼 때문일 것입니다. 맨해튼은 세계 경제의 중심지며, 전세계 경제의 수도임에 틀림없습니다. 매일 전산으로 거래되는 세계 금융거래의 3분의 1 이상이 맨해튼에서 이루어진다고 합니다.

맨해튼이 상징하는 것은 돈뿐이 아닙니다. 매년 뉴욕시를 찾는 관광객의 수가 3천 9백만 명[31]이 넘으며 이 작은 공간 안에 무려 700개가 넘는 유명 화랑과 박물관이 즐비하니 문화의 중심이기도 한 셈입니다. 맨해튼의 또 하나의 특징은 다민족이 함께 산다는 것입니다. 맨해튼 안에서 쉽게 들을 수 있는 언어의 수가 180가지라고 하니 전세계의 축소판이기도 합니다.

맨해튼은 종종 'city that never sleeps' 라고 불립니다. 불야성으로 타오르는 돈 벌이와 문화 체험장이란 뜻입니다. '모든 경제는 국제 경제의 수도인 맨해튼으로 통한다' 고 하여 2000년 전 모든 길은 로마로 통한다는 현실을 이어 받아 재현하는 현대판 로마임에 틀림이 없습니다. 바꾸어 말하면, 우리는 맨해튼을 통하여 바울 당시의 로마를 볼 수 있습니다.

사도 바울은 과거판 맨해튼을 향하여 편지를 씁니다. 그런데 맨해튼과 로마 사이에는 커다란 차이도 있습니다. 현대의 로마가 기독교 불모지로 전락했다면, 과거판 맨해튼에는 교회가 부흥하고 있었습니다. 이 부흥이 바울이 로마서를 쓴 배경이며, 또한 이유가 됩니다.

---

31) www.newyork-visit.com

🕊 로마제국과 교회

로마에 기독교가 부흥했었다는 이야기를 기록하고 있는 당시의 문헌은 거의 없습니다. 하지만 주후 60년대 중반에 황제 네로가 로마에 불을 지르고 그 책임을 기독교인에게 돌릴 만큼 교회는 미미한 존재가 아니었습니다. 물론 황제의 책임 전가 대상으로 선택되었다는 것은 기독교가 로마제국에 적당한 위협이 되면서 동시에 만만한 상대였다는 뜻입니다. 꼭 로마의 상황은 아니지만, 성경 외에 기독교에 관해 잔존하는 기록 중 1세기에 로마에서 쓰여진 것으로 추정되는 요세푸스의 글이 있습니다.[32]

> 한편 바로 이때(빌라도가 총독일 때) 예수라는 지혜로운 사람–너무나 신기한 일(wonderful works)들을 많이 행했기 때문에 인간이라고 볼 수 있을지는 모르겠으나 인간으로 보는 것이 합당하다면–이 있었다. 그는 사람들로 하여금 기쁜 마음으로 진리를 받아들일 수 있게 만드는 선생이었다. 그는 수많은 유대인뿐 아니라 이방인까지도 그의 곁으로 끌어들였다. 그가 바로 그리스도([the] Christ)였다. 빌라도가 유대인의 유력인사

---

[32] 요세푸스는 유대의 제사장 가문 출신으로 유대전쟁 (주후 66-70년) 때는 유대의 장군으로 갈릴리 전투에 참여하였다가 투항하여 로마의 시민이 되어 로마에서 저술에 전념합니다. 그가 《고대사》를 쓴 이유는 유대인들이 결코 야만인이 아니라 자랑스런 역사를 소유한 문화민족임을 보이기 위한 것이었습니다. 요세푸스는 주후 32년에 태어나서 100년에 사망하였는데, 《고대사》를 쓴 시기는 주후 92년경으로 봅니다. 비록 그가 동족을 옹호하기 위해서 위대한 저술을 남겼지만 오늘날까지도 그는 유대인들 사이에서는 배교자로 낙인 찍힌 인물입니다. 하지만 초대 기독교 변증가들이나 중세시대에는 위대한 저술가로 평가되었습니다(그는 기독교로 개종하지 않았습니다). 인류 역사에서 요세푸스만큼 칭송과 비난을 한몸에 받은 사람도 드물 것입니다.

들의 청에 의해 그를 십자가에 달려 죽게 했으나 그를 처음부터 사랑하던 자들은 그를 버리지 않았다. 왜냐하면 하나님의 선지자들이 그에 관해 예언한 대로 3일 만에 다시 살아나서 그들에게 나타났기 때문이었다. 하나님의 선지자들은 이뿐 아니라 그에 관해서 수많은 놀라운 일들을 예언했었다. 그의 이름을 본떠 그리스도인이라고 불리는 사람들은 오늘날까지 남아 있다.[33]

⛪ 로마 교회의 부흥 이야기

로마 교회의 부흥 이야기를 잘 살펴볼 수 있는 곳은 바울이 쓴 로마서입니다. 바울은 고린도에 잠시 방문하여 머물면서 로마서를 쓴 것 같습니다.[34] 바울은 고린도를 처음에 방문하여 교회를 개척한 이후에도 적어도 두 번을 더 방문합니다. 고린도에서 쓴 로마서 말미에는 그와 함께 고린도에 있던 사람들에 관한 정보가 수록되어 있습니다. 그 중 '가이오'와 '에라스도'는 흥미롭습니다(롬 16:23). 이들은 고린도 사회에서 꽤 유력했던 사람들이었기 때문입니다.[35]

로마서의 마지막 장에는 무려 26명의 이름이 언급되며, 바울은 이들에게 일일이 문안을 하고 있습니다. 로마에 아직 가보지도 못했던 바울이 편지를 쓰며 이토록 많은 사람들에게 문안하고 있음

---

33) 요세푸스, 《고대사》 18권 3장(김지찬 역, 생명의 말씀사, 1987).
34) 바울은 고린도에 여러 번 방문합니다. 처음 개척했을 때는 물론이고 고린도 교회와 어려움이 생기면서 이를 해결하기 위해서 또 문제가 해결된 후에는 헌금을 위하여 방문합니다. 로마서를 쓴 때는 바울이 예루살렘으로 가기 직전으로 사도행전 20장 1-3절에 기록되어 있습니다.

은 참으로 흥미롭습니다. 이들 중에 일부는 바울과 함께 있다가 로마로 간 사람들입니다. 대표적인 예가 브리스가와 아굴라이며 '루포의 어머니'는 분명히 다른 장소에서 바울과 함께 있었던 인물입니다. "그의 어머니는 곧 내 어머니니라"(롬 16:13). 바울의 친척이며 한때 그와 함께 갇혔던 안드로니고와 유니아도 같은 예입니다(롬 16:7).

또 바울이 문안하던 사람들 중에는 바울의 얼굴을 보지 못했던 사람도 있었던 것 같습니다. 이들은 브리스가와 아굴라처럼 로마 교회에 뿌리를 내렸던 바울의 동역자들이 지면으로 바울에게 소개해서 간접적으로 알게 된 사람들일 것입니다.

로마서 16장에 보면, 로마에 여러 개의 교회가 있었던 것을 알 수 있습니다. 로마의 교회가 상당한 부흥을 경험하고 있었다는 뜻입니다. 로마서 16장에는 적어도 5개의 교회가 나타나며, 조금 넓혀서 보면 10개 이상이라고 볼 수도 있습니다. 예를 들어 로마서 16장 1절에서 바울은 로마의 한 교회에 '뵈뵈'라는 여성도를 추천하고 있습니다. 뵈뵈는 고린도의 인근에 있던 항구인 겐그레아의 교회를 충실하게 섬기면서 여러 명의 주의 종을 도왔습니다. 바울은 뵈뵈가 로마에 갈 때 편지 한 장을 써서 들려 보냈는데, 이

---

35) 바울은 '가이오'를 온 교회의 식주(개역한글)라고 씁니다. 그가 온 성도들에게 먹을 것을 공급해 주고 있었기 때문입니다. 또 재무관 '에라스도'는 더욱 흥미로운 인물입니다. 이 인물은 당시 고린도 사회에서 공직자 랭킹 4위에 오를 정도로 출세를 했는데, 어쩌면 그는 상류층 출신이 아니라, 노예였다가 후에 자유인이 되어 출세한 경우일 가능성이 큽니다. 현재 발굴되어 있는 고린도 유적지에 가면, 에라스도가 돈을 내어 만든 길의 일부가 보존되어 있고 그 길에 에라스도란 이름이 새겨 있습니다. 이 새겨진 이름의 주인공이 로마서 16장 23절의 에라스도와 같은 인물일 가능성은 높습니다.

편지가 로마서입니다. 바울은 이 편지의 마지막 부분(16장)에서 뵈뵈를 잘 대접할 것을 당부합니다. 그리고 자신의 안부를 전하는데, 그 명단의 제일 처음에 오랜 동역자 브리스가와 아굴라를 언급하며 그들에게 문안합니다.

그런데 여기서 흥미로운 정보가 발견됩니다. 브리스가와 아굴라는 뵈뵈를 통해 편지를 받던 교회의 멤버가 아니란 사실입니다. "또 저의 집에 있는 교회에도 문안하라"(롬 16:5). 브리스가와 아굴라의 집에 또 다른 교회가 있었던 것입니다. 물론 이 두 교회는 자주 연락하는 사이였을 것입니다. 그래서 한 교회에 전달된 편지를 서로 나누어 읽었을 것이며, 자주 만나 쉽게 안부하는 사이였음도 짐작할 수 있습니다.

바울이 로마서를 쓴 것은 주후 56년경입니다. 그가 편지를 쓴 이유는 로마 안에 있었던 교회들 간의 갈등 때문입니다. 유대인들이 중심이 된 교회와 이방인들이 중심이 된 교회 사이에 편치 않은 일들이 발생하였고, 이 갈등을 해소하기 위해 바울이 중재에 나선 것입니다. 바울은 구원에 이르는 십자가의 복음으로, 사람의 생각과 경험으로는 줄일 수 없었던 두 그룹 사이의 간격을 좁힐 뿐 아니라 진정으로 하나가 될 수 있다고 교훈합니다.

바울이 편지를 쓰고 있을 때쯤 로마에는 이미 상당한 수의 그리스도인들이 이곳저곳에서 훈련을 받고 몰려들었습니다. 그래서 로마 교회 안에는 눈에 띄는 부흥이 있었습니다. 성도가 많아지는 것은 때로는 갈등을 빚기도 하였지만, 하나님의 역사는 어떤 세력도 막을 수 없었습니다. 로마 교회의 부흥은 일꾼들이 물결처럼 일어나는 이야기라고 설명할 수 있습니다. 부흥이 있는 곳에는 일꾼들의 물결이 있습니다. 부흥은 일꾼들의 수고를 타고 일어납니다. 물결이 밀려드는 것처럼 부흥 또한 하나님 앞에 헌신한 사람들이 물밀듯이 일어나 세상의 세력을 파하면서 세상 안으로 거침없이 침투해 들어가는 이야기입니다.

♦ '쉰(sun)' 계열의 단어들

헬라어에는 '쉰(sun)'으로 시작하는 단어들이 많습니다. '쉰(Sun)'은 '함께'를 의미하는 접두어입니다. 바울 주변에는 여러 가지 모습으로 함께 일하는 일꾼들이 아주 많았습니다. 초기에는 손에 꼽을 정도의 몇 명에 지나지 않았지만, 로마서를 쓸 때에는 기억하기에 부담스러울 정도로 많은 수가 되었으며, 그의 선교 말기에는 더욱 많아졌습니다.

바울이 동역을 뜻할 때 사용했던 '쉰(함께)' 계열의 단어에는 두 가지 기능이 있습니다. 하나는 십자가에서 죽으시고 부활하신 그리스도와 연합되었음을 강조하는 것입니다. 이를 통해 바울은 동역의 모델과 성도가 진정한 동역을 할 수 있는 근거를 제시합니다. 그들이 예수님과 연합되었기 때문에 서로 다른 배경과 환경 속에서 지냈지만, 진심의 동역이 가능하다는 것입니다. 또 하나는 '쉰(함께)' 단어를 통하여 바울은 자신이 다른 그리스도인들, 특히 복음 전파에 적극적으로 가담했던 사람들과 친밀하고 진실된 교제를 하고 있음을 강조합니다.[36]

바울이 주로 사용했던 '쉰(함께)' 계열의 단어는 동역자(sunergos)

---

36) T. R. Glover, *Paul and Tarsus* (SCM, 1925), pp. 178-183.

이며, 이외에는 '함께 갇힌 자'(롬 16:7), '함께 힘쓰는 자'(빌 4:3), '함께 멍에를 같이한 자'(빌 4:3) 등이 있습니다. 이 중 바울은 처음 두 단어를 주로 사용합니다. 로마서 16장의 문안에서도 이 두 단어를 사용하고 있습니다. 바울은 브리스가와 아굴라(롬 16:3) 그리고 우르바노(롬 16:9)를 동역자라고 부르며, 안드로니고와 유니아를 함께 갇힌 자로 소개합니다(롬 16:7).

교회의 부흥은 '쉰(sun)'으로 표현되는 단어들이 풍성해지는 것입니다. 서로 함께하고 돕는 것은 하나님의 사역을 즐거운 전투로 바꿉니다. 부흥의 물결은 일꾼들이 물결처럼 일어나 즐겁게 헌신하여 함께 일하는 것입니다.

뵈뵈를 소개합니다

뵈뵈는 바울을 돕던 여인이었습니다. 바울은 그녀가 자신뿐만 아니라 여러 사람의 보호자가 되었다고 칭찬합니다. '보호자'란 당시 로마 사회에서는 흔하던 '페트론(patron)'의 개념인데, 누군가를 후견하여 물질적, 정신적으로 보살피는 사람이란 의미입니다. 뵈뵈가 얼마나 부유했는지 또 그녀의 사회적 지위가 어떠했는지는 알 수 없지만, 그녀는 재물과 성품을 바로 쓸 줄 아는 성도였음에 틀림없습니다. 그녀는 여러 사람들을 한결같이 환대하고 그들을 필요에 따라 섬세하게 돌보아주었습니다. 그래서 뵈뵈를 통하여 수많은 주의 일꾼들이 편하게 사역을 하였을 뿐 아니라, 필요한 것을 얻었고 또 위로를 받았습니다.

최초의 여성 국제 우편 배달부

이런 뵈뵈가 로마에 갔습니다. 그녀가 무슨 일로 로마에 갔는지는 알 수 없지만, 아마도 사업적인 이유가 아니었을까 추측해 봅니다. 바울은 로마로 가는 뵈뵈의 손에 편지 한 통을 들려 보냅니다. 이 편지가 '로마서' 입니다. 로마서는 이렇듯 한 여성의 손에 의해서 전달된 것입니다.

편지를 전달하는 사람은 특권을 가지고 있습니다. 이것은 편지를 쓴 사람의 의도를 전달받는 사람들에게 설명도 하는 첫 해설가의 역할입니다. 편지를 들고 간 사람은 우선 회중들 앞에서 편지를 읽었을 것입니다. 왜냐하면 당시에는 글을 읽을 수 없는 성도들이 다수였기 때문에 누군가가 읽어야 했는데, 편지를 가지고 간 사람이 읽는 것은 무척 자연스러운 일이기 때문입니다. 그리고 편지를 읽어가는 중에 혹은 다 읽은 후에 편지에 대해서 설명할 수 있는 기회를 갖곤 했습니다. 뵈뵈는 신학적인 무게가 중후한 바울의 편지를 읽으면서 당시 분열을 겪던 교회에게 바울의 의도를 잘 설명할 수 있을 정도로 성숙하며 담대한 여인이었던 같습니다.

겐그레아(고린도 부근) 교회의 일꾼

뵈뵈는 고린도 교회가 경험했던 부흥의 부산물이었습니다. 그녀가 섬기던 교회는 겐그레아에 있었는데, 이는 고린도의 항구로 고린도에 아주 인접해 있었습니다. 바울은 겐그레아 항구를 통하여 아시아(특히 에베소)에 다녔는데, 보통은 배를 타기 위해 며칠을 기다려야 했습니다. 바울은 통상 배를 기다리는 기간을 전도의 시간으로 사용하곤 했습니다.

그래서 항구도시에는 유난히 믿음의 친구들이 많았고, 바울은 이들을 방문할 때마다 환대도 받고, 쓸 것을 공급받기도 했습니다 (예: 드로아, 두로와 시돈, 겐그레아). 물론 이들이 바울의 심방을 받는 것은 큰 행복이었을 것입니다. 이런 시간을 통해서 바울에게서 많은 배움의 유익을 얻을 수 있었고, 영적인 재충전의 시간을 가질 수 있었기 때문입니다.

2세들을 목회하는 동료 목회자들은 이따금씩 권사님들이 보여주는 어머니 같은 돌봄이 그립다고 합니다. 저의 경험에서도 '뵈뵈' 와 같은 일꾼의 도움과 보호가 목회의 여정에 큰 위로와 힘이 되었습니다. 뵈뵈는 부흥했던 교회가 만들어낸 인물이지만, 또한 교회의 부흥을 도왔던 인물이며, 한 교회의 부흥을 다른 교회로 옮기는 역할도 했습니다. 그녀가 로마 교회에 머무는 동안 로마 교회는 그녀로 인해 큰 축복을 받았을 것이라고 확신합니다.

✞ 환영은 부흥하는 공동체의 미덕입니다

바울은 로마 교회에게 뵈뵈를 잘 영접하라고 했습니다. 이때 바울이 선택한 단어는 '추천한다' 혹은 '소개한다' 는 단어입니다. '내가 너희에게 뵈뵈를 소개하는데, 그녀는 훌륭한 성도이므로 잘 영접해 주길 바랍니다' 라는 내용이었습니다. 미국 문화에서도 그렇지만 로마 시대에도 추천이 매우 중요했습니다.

1세기 기독교의 특징은 사람들을 환대하는 것이었습니다. 이를 통해 '형제 사랑' 을 실천했던 것입니다. '형제 사랑' 이 당시 로마 문화에서는 '고상한 삶' 의 모습이었는데, 모르는 사람일지라도 객을 환대하는 것은 경제적 형편에 달린 것이 아니라, 대접하는 사람의 마음에 달려 있다고 믿었습니다. 바울이 멜리데에서 했던 경험을 생각해 보십시오. 광풍으로 표류하던 배가 멜리데(지금의 말타)에 도착했는데, 이 섬의 원주민들이 바울과 일행을 환대했습니다. 이는 '인간에 대한 사랑'에서 우러나는 환대였다고 합니다 (행 28:2 "우리에게 특별한 동정을 하여 불을 피워 우리를 다 영접하더라").

교회가 하나님의 일꾼을 환영하는 것은 그 교회에 참된 부흥이 일어나고 있음을 보여주는 인디케이터(지표)입니다. 바울이 로마 교회에 뵈뵈와 관련하여 요청한 것은 무조건적인 환대가 아니라 '합당한 예절'입니다. 바울은 로마에 한 번도 간 적이 없었지만, 로마 교회의 성도들에게 상당히 권위 있고 당당하게 이 요청을 합니다. 어쩌면 이 요청은 바울이 교회를 위하여 어떤 업적을 남겼기 때문이 아니라, 성도들에게는 당연히 요구할 수 있었던 성경적이며, 또 상식적인 부탁이었던 것 같습니다.

⛪ 성도에게 합당한 예절로

성도에게 합당한 예절이 있었습니다. 우리는 이것이 정확히 어떤 수준의 도움을 제공하는 것인지 알지 못합니다. 최고의 손님을 대하는 자세인지, 아니면 일상의 것을 조금 넘는 수준인지 모릅니다. 하지만 짐작해 볼 수 있는 것은 성도에게 합당한 예절로 성도를 맞이한다면, 손님인 성도가 보여줄 합당한 예절도 있었을 것이 분명합니다. 당시 기독교의 정신은, 모든 성도는 성도로서 합당한 삶을 살고, 다른 성도들을 이런 예로 대접하는 것이었습니다.

우리의 신앙생활에서도 '합당하게' 행동하고 생각하는 것이 꼭 필요합니다. 이것이 성도의 본분이며, 교회의 일꾼되는 데 필요한 성품입니다. 무엇이 법적으로 옳은 것인가를 계산해 보지 않고도 법에 어긋나지 않는 행동을 할 수 있어야 합니다. 도덕적인 판단을 하지 않고도 도덕적인 삶이 몸에 배어 있어야 합니다. 이것은 성도로서 하나님과 성도들 앞에 합당한 예절과 삶의 방식을 갖추고 있으면 자연히 얻어지는 것입니다.

자매인 일꾼

바울은 뵈뵈를 '우리 자매'라고 소개합니다. '자매'라는 표현에는 상당한 무게가 실려 있는 듯합니다. 우리에게 '자매'란 표현은 여성인 교우를 칭할 뿐 어떤 신학적 무게도 싣지 않고 있습니다. 하지만 바울이 사용한 '자매'란 용어에는 뵈뵈를 향하여 바울이 보여준 강력한 '언약 개념'이 담겨 있습니다. 하나님을 섬기는 하나님의 자녀이기 때문에 어떤 거리감도 없이 순전하게 동역하는 관계란 뜻입니다. 바울은 '우리 자매'라는 표현을 사용함으로 그녀와의 관계에서 이성에서 생길 수 있는 거리감이나 어색함이 조금도 없음을 보여줍니다.

또 일꾼이란 원어는 '여자 집사'라는 번역도 가능한 단어입니다. 여기서는 집사의 여성형이 사용되었기 때문입니다. '집사(diakonos)'는 교회의 일꾼들이었습니다. 당시에 집사 직분이 교회 안에서 인정되고 있었다면 뵈뵈는 집사로 임직된 여자 성도였을 것입니다. 만약 제도화되지 않았다면 후일에 집사라는 직분을 가진 사람들이 감당하는 바로 그 일들을 뵈뵈가 하고 있었던 것으로 이해하면 됩니다.

버시를 아시나요?

　로마서 16장에 나오는 인물 중에는 흥미로운 인물들이 여럿 있습니다. 우리는 이 중 다수에게서 생소함을 느낄 것입니다. 이런 생소한 인물 중에 한 명이 '버시'인데, 바울은 그(녀)에게 아주 특별하게 문안하고 있습니다. 바울은 '버시'가 많이 수고했다고 쓰고 있습니다. 우리는 바울이 버시에 관해 기록한 짧은 문안을 통하여 로마 교회의 부흥을 이끈 일꾼들 중에 돋보였던 한 일꾼의 수고의 깊이를 헤아려볼 수 있습니다.

　하나님 나라의 부흥은 이렇게 수고한 이름도 없고 빛도 없었던 일꾼들이 부흥의 물결을 타고 일어나 로마를 점령하고 전세계에 퍼져 나간 것입니다. 우리 시대에도 새로운 부흥이 일어나야 합니다. 이 부흥을 통해 수많은 버시들이 나타나길 기대합니다.

　'버시(Persis)'란 이름은 페르시아 사람을 뜻하는 명사의 여성형입니다(페르시다).[37] 헬라어의 명사에는 '성'이 있습니다. 따라서 '버시'는 페르시아 여인이란 뜻이지 이 여인의 진짜 이름은 아닙니다. 어떤 학자들은 '버시'가 페르시아에서 온 노예였을 것이라고 합니다. 물론 가능한 추측이지만 확인할 수는 없습니다. 분명한 것은 그녀의 사회적 신분은 몹시 미미해서 이름으로 자신을 구별할 필요조차 없었던 것입니다. 우리의 경험에도 비슷한 예가 있습니다. 예전에 한국에서는 남의 집 일을 돕는 여인들을 종종 출신 지역을 따라 '수원 댁,' '오산 댁'으로 불렀던 적이 있습니다. 좀 더 비근한 예는 우리네의 어머니들은 종종 자신의 이름이 아니라, 아이들의 이름에 덧붙여 누구의 엄마로 불렸습니다. 물론 로마의 교회에서도 마찬가지였습니다. '루포의 어머니'가 그 예입니다.

교회는 이런 숨은 일꾼들, 자신의 이름조차 알려지지 않은 사람들의 헌신을 통하여 부흥을 맛본 것입니다. 나 혼자서 열심으로 교회를 섬겨 빛나는 사람이 되는 것도 소중합니다. 그러나 하나님의 나라의 부흥을 고대한다면, 이 부흥은 한 명의 스타에 의해서가 아니라 수많은 서로 다른 배경을 가진 일꾼들이 부흥의 물결을 타고 함께 일어나서 세상으로 힘있게 확산되어야 합니다.

---

37) 버시에 대해 소개하고 싶은 전승이 있습니다. 이 전승이 담고 있는 버시는 우리가 여기서 해석하는 것과는 전혀 다른 것입니다. 디모데후서 4장 21절에 보면 '부데'란 인물이 등장합니다. 그는 바울이 두 번째로 로마에 투옥되었을 때 바울을 돕던 당시 로마 교회의 지도자입니다. 부데에 관한 기록이 성경 밖에 있는데, 그가 당시의 상원 의원이었다는 것입니다. 지금도 로마에 가면, '부데 기념교회(Church of Santa Pudenziana)'가 있습니다. 이 교회는 유명한 산타 마리아 마지오레 교회 근처의 Via Urbana에 있습니다. 현재도 예배가 드려지는 곳인데 필리핀계 성도들이 주류를 이루고 있습니다. 부데 기념교회의 역사를 보면 무척 흥미롭습니다. 현 건물은 몇 차례에 걸쳐 증축된 것인데, 가장 아래 존재하는 최초 건물이 로마의 의원 부데의 집이었음을 증거할 수 있는 기왓장이 출토되었습니다. 이 바닥은 1세기의 것이 확실하다고 합니다. 바로 그 위에 지어졌던 건물은 주후 2세기의 목욕탕이고, 4세기에 첫 교회가 목욕탕 위에 세워졌습니다. 이후 몇 차례 교회로서 증축 혹은 수리되었던 흔적이 있고, 현재 건물의 틀은 9세기에 마련된 것입니다. 어쩌면 부데는 예수를 믿다가 어려움을 당했고, 이후 그의 집에 공중 목욕탕이 세워졌다가 공인 이후 그가 예수님의 충성된 제자였음을 기억하고 있던 후대 교회가 그의 집 터 위에 그를 기념하는 교회를 세운 것입니다. 부데 기념교회에서 멀지 않은 곳에 '뿌라시다' 기념교회도 있습니다. 전승에 의하면, 뿌라시다는 부데의 딸로 순교자들의 시신을 추려서 자신이 물려받은 땅에 묘지를 만들어 장사를 지냈고, 이후 그녀도 순교한 후 그곳에 묻혔는데, 역시 기독교 공인 이후 그녀가 마련했던 묘지 위에 이 기념교회가 세워졌다는 것입니다. 흥미로운 것은 '뿌라시다'가 이태리어로는 '버시'와 아주 비슷합니다. 헬라어의 'per'가 이태리어에서는 'pra'가 될 수 있다고 합니다. 버시의 헬라어를 음역하면 Persida인데, 이태리어에서는 Prasida가 됨으로 뿌라시다와 버시는 이태리어로는 같은 스펠링을 갖게 됩니다. 그래서 현재에도 로마에는 부데의 딸 순교자 뿌라시다가 곧 로마서 16장 12절의 버시라는 전승이 남아 있습니다.

이 일꾼들은 자신의 고유한 이름조차 알려지지 않았던 사람들이었습니다. 옥합을 깨뜨린 여인을 생각해 보십시오. 그 여인의 행위가 얼마나 아름다웠는지 예수님은 복음이 전파되는 곳 어디에서든지 이 여인의 일도 말하여 기념하라고 하셨습니다(막 14:9). 그러나 이 여인의 이름은 알려지지 않았습니다. 진정한 일꾼들은 이름보다도 행한 일로 기념되어야 합니다. 버시도 이런 예입니다.

♱ 아름다운 찬사로 꾸며진 이름 '버시'

바울은 '버시'에게 문안할 때 "주 안에서 많이 수고하고 사랑하는 버시"라고 씁니다(12절). 주님 안에서 수고했다고 바울이 문안하는 사람은 버시 이외에도 바로 앞에 나오는 자매 드루배나와 드루보사가 있습니다. 그런데 버시에게는 수고를 '많이' 했다고 강조합니다. 앞에서 바울은 마리아를 향하여 "'너희를 위하여 많이 수고한 마리아"라고 했습니다(6절). 하지만 그녀에게 '사랑하는'이란 수식어는 사용하지 않았습니다(6절).

다음 문안에서 바울은 반대로 암블리아에게 '사랑하는'이란 표현을 합니다(8절). 하지만 '수고를 많이 했다'는 칭찬은 없습니다. 요약하면, 바울은 버시에게 26명의 일꾼 중에 가장 아름다운 표현으로 그의 일을 칭찬하고 있습니다. 이전에 사용했던 칭찬의 표현을 모조리 모아서 이 페르시아 여인에게 문안하고 있는 것입니다. '많이 수고했으며, 사랑하는 그리고 사랑을 받는 버시'라고 부릅니다.

♟ 수고를 많이 한 여인 '버시'

'버시'는 수고를 많이 한 여인이었습니다. 어쩌면 그녀가 한 수고는 보통의 가사 노동이었을지도 모릅니다. 그러나 실제로 그녀의 일은 단순한 노동 이상이었을 것입니다. 그녀의 태도가 달랐기 때문입니다. 버시의 수고는 하나님 앞에서 하나님께 한 것이었습니다. 그래서 바울은 '주 안에서'라고 명시합니다. 6절에서 마리아가 한 수고를 '너희를 위하여'라고 씁니다. '버시'의 수고도 그 수혜자는 로마의 성도들이었습니다.

그러나 그녀가 한 수고는 온전히 주님을 위하여 한 것이었으며, 이것이 그녀가 항상 취했던 태도였습니다. 그녀의 모든 섬김은 '주께 하듯' 한 것입니다. 옥합을 깨뜨린 여인이 최선의 것으로 주님을 섬겼듯이 버시의 모든 일과 수고도 오직 주님을 위한 '무익한 종'의 자세로 철저히 주님을 섬긴 것이었습니다. 그래서 버시의 섬김에는 감동이 있었을 것입니다. 김남준 목사는 버시에 대해서 이렇게 말했습니다.

"바울은 버시를 '주 안에서 많이 수고하고 사랑하는 버시'라고 부르고 있습니다. 이 표현을 통해 우리는 버시가 바울은 물론 하나님의 마음에도 물같이 녹아 내릴 듯한 감동으로 다가오던 사람임을 알게 됩니다. 바울이 버시를 향해 이렇게 물같이 녹아 내리는 듯한 마음을 품을 수밖에 없었던 것은 버시의 섬김 때문이었습니다."[38]

---

38) 김남준, 《이름도 없이 빛도 없이》 (생명의 말씀사, 2005년) p. 96.

♦ 우아한 빛을 발하던 여인

이렇게 온전히 하나님을 섬기듯이 성도들을 섬긴 인생에는 우아할 정도의 아름다움이 있습니다. 그 섬세함이 놀랍도록 깊었기 때문입니다. 이런 격조 높은 섬세한 섬김은 우아함을 만들었을 것입니다. 사실 일상의 노동이라 할지라도 주님을 향하여 온전히 드려진 수고는 감동과 우아함 그 자체입니다. 이런 수고로 섬김을 받는다면, 변하지 않을 영혼이 없습니다.

'버시'의 수고가 뿜어낸 선한 영향력을 짐작해 보기 위해서 로마서 16장 12절에 같이 기록된 '드루배나'와 '드루보사'의 수고를 이해해 봅시다. 드루배나와 드루보사는 자매였던 것 같습니다. 그리고 이 두 이름도 진짜 이름이라기보다는 별명이었을 가능성이 큽니다.[39] 그리고 이 별명은 이 자매들의 삶의 모습을 담아내는 것이었을 것입니다. '드루(try)'라는 어근의 의미는 '우아하고, 섬세하게 산다'는 뜻입니다. 로마서에서 문안하는 일꾼들의 수고는 거의 모두 이런 섬김이었을 것입니다.

섬김에는 억지로 하는 것이 있습니다. 어떤 경우는 프로의식을 갖고 합니다. 하지만 최고의 섬김은 '프로정신'으로 만들어낼 수 없습니다. 최고의 섬김은 받는 사람을 즐겁게 할 뿐 아니라, 그의 삶을 바꾸기까지 합니다. 이런 최고의 섬김에는 우아함이 있습니다. 이 섬김은 남을 주님처럼 섬기는 것입니다. 내가 주님의 마음을 품고, 주님의 뜻이 상대에게 전달되도록 섬기는 것입니다.

---

39) 제임스 몽고메리 보이스, 《로마서》 (김덕천 옮김, 도서출판 줄과 추, 1999), IV:p. 607.

주님이 우리를 십자가에서 이렇게 섬겨 주셨기 때문에 그리스도인들은 이와 같은 섬김을 제공할 수 있습니다. 로마서에서 바울이 칭찬하고 문안했던 일꾼들은 이런 섬김을 익힌 사람들이었습니다. 부흥은 이런 일꾼들이 일어나는 물결입니다. 그래서 엄청난 영향력을 주변에서 발휘하게 됩니다.

바울은 디모데전서 2장 9-10절에서 여성의 아름다움은 외모의 꾸밈에 있지 않다고 역설합니다. "이와 같이 여자들도 단정하게 옷을 입으며 소박함과 정절로써 자기를 단장하고 땋은 머리와 금이나 진주나 값진 옷으로 하지 말고 오직 선행으로 하기를 원하노라." 여성의 섬김이 '수고'가 되어 사람들에게 감동이 되고, 비록 가사 노동일지라도 그것에 우아함이 깃드는 것은 하나님이 함께 하시지 않으면 불가능한 것입니다. 세상을 바꾸는 여성들에게는 하나님과 함께하는 것이 우러나와 하나님을 섬기듯 하나님의 사람을 섬기는 우아함이 배어 있습니다. 이런 섬김의 힘이 모아져서 이름 없는 사람들이 로마제국을 접수했다고 보아도 무리가 아닐 것입니다.

♱ 바울 신학과 수고

'수고함'은 바울이 스스로의 인생을 표현하는 단어였습니다. 그러기에 이 단어에는 그의 신학이 묻어 있습니다.[40] 바울은 회심 전에도 자기 열심이 강했던 사람이며, 집착하는 성격의 소유자였던 것 같습니다. 그는 남보다 앞서고 싶었고, 최고가 되려고 애썼습니다. 누구보다도 열정적으로 유대교를 섬겼습니다. 그는 유대교의 교리상 십자가에 달린 예수가 메시아가 될 수 없음이 분명하다고 믿었기 때문에 예수가 메시아라고 주장하는 그리스도인들은 모두 죽어야 마땅한 이단이라고 확신했습니다. 어쩌면 그는 종교적 열심 이외에도 그리스도인들을 잔멸함으로 큰 공을 세우고 싶은 업적주의에 사로잡혔었는지도 모릅니다.

그런데 이런 자기 열심이 예수님의 '생명의 터치'로 변화되었습니다. 그래서 그의 열심은 모두 '수고'란 단어로 바뀌게 된 것입니다. 바울에게 '수고'는 자신의 노력이나 열심이 아니었습니다. 십자가에 대한 진실한 반응이었던 것입니다. 바울은 버시에게 했던 찬사를 '수고'란 단어를 통하여 스스로에게도 적용하고 있습니다. 어쩌면 바울은 '버시'에게서 자신의 모습을 보고 있었는지도 모릅니다. 바울은 자신의 사역을 이렇게 정의합니다.

> "그러나 내가 나 된 것은 하나님의 은혜로 된 것이니 내게 주신 그의 은혜가 헛되지 아니하여 내가 모든 사도보다 더 많이 수고하였으나 내가 한 것이 아니요 오직 나와 함께하신 하나님의 은혜로라"(고전 15:10).

하나님의 은혜는 '하나님의 사랑'과 흡사합니다. 버시가 (하나님을) 사랑하며 (하나님의) 사랑을 받은 인물이었음을 '사랑하는 버시'

---

40) 영국의 신학자 제임스 던은 '수고'란 용어에는 바울이 어떤 신학적 의미도 부여하지 않았다고 주장합니다. 하지만 저는 바울이 사용한 '수고' 라는 단어(코피아조)에서 설사 그가 특별한 용어로 의도적으로 사용하지 않았다 하더라도 일관성 있는 그의 입장을 발견할 수 있다고 생각합니다. 이를 위해 다음 구절들을 살펴보면 어렵지 않게 이런 결론에 도달할 수 있습니다 (고전 15:10; 갈 4:11; 빌 2:16; 골 1:29; 딤전 4:10).

란 표현을 통해서 쓴 것과 바울이 '하나님의 은혜'를 자신에게 적용한 것은 서로 조화를 이루는 표현 방식입니다. 바울은 그리스도인의 수고는 정말 멋지고 아름다운 것이며 칭찬 듣기에 충분한 것이지만, 이것은 오직 은혜로 드리는 반응일 뿐 자랑할 것이 도무지 없다고 했습니다.

♱ '사랑하는' 버시

'버시'를 수식하는 '사랑하는'은 형용사입니다. 이 형용사에는 수동의 의미와 능동의 의미가 교차하고 있습니다. 버시는 주님을 사랑하면서 동시에 주님의 사랑을 받고 있다는 뜻입니다. 깊은 차원에서 살펴보면 이 두 측면은 항상 연결되어 있습니다. 버시에게 모든 수고는 주님을 섬기는 것이었기에 그 깊이를 헤아릴 수 없었고, 그녀는 수고함을 통하여 주님의 사랑을 듬뿍 받고 있기에 더욱 우아하게 보였을 것입니다.

♱ 지금은 끝났는데도

한창 열심으로 수고하는 사람이나 이제 떠오르는 일꾼을 향하여 찬사를 보내는 것은 쉽습니다. 그런데 이미 수고의 시기를 마감한 퇴물(?)을 향하여 칭찬하고 문안하는 것은 그다지 쉬운 일이 아닐 것입니다. 버시는 어쩌면 바울이 문안하던 때에 이미 일선에서 물러난 인물이었는지도 모릅니다. 드루배나와 드루보사의 수고를 표현하는 동사가 '현재형'인 반면, 버시를 위해서 쓴 '수고'는 문법 용어로 '아오리스트'라 불리는 일종의 과거형입니다.

따라서 바울이 편지를 쓸 무렵 어쩌면 버시는 그녀의 수고스런 섬김을 마감한 상태일 수도 있다는 의미입니다. 더 이상 수고할 수 없을 정도로 몸이 늙었을 가능성도 있습니다.[41] 이런 추측이 사실이라면, 도대체 이 여인이 섬긴 수고의 깊이는 얼마나 되는 것일까요?

떠난 자리도 아름다웠던 섬김

수 년 전에 LA에 있었던, 어떤 목사님의 장례 예배에 참석한 적이 있었습니다. 한국에서 힘 있게 사역을 하시던 분인데, 미국에 오셔서 집회를 하시던 중 쓰러지셔서 하나님의 부르심을 받았습니다. 집회를 주관하던 교회에는 큰 난리가 났었습니다. 이 목사님은 아주 오랜 동안 불편한 몸을 이끌고도 모범적으로 목회를 하셔서 한국 교계에 귀감이 되었던 목회자이셨습니다. 오래 전에 풍으로 쓰러지셨고, 목사님은 은퇴를 원하셨지만 당회가 만류하고, 인내하고 도와 목회자로 재기한 아름다운 이야기의 주인공인 목사님이십니다. 장로님들과 목사님의 신뢰와 존중 그리고 동역이 얼마나 아름다운지 많은 교회에게 귀감이 되었었습니다.

그런데 많은 조객들이 이 분의 장례식은 살아서 남긴 업적보다 더 아름다웠다고 했습니다. 애도하는 성도들의 무리도 아름다웠고 그 자리에 임재한 성령의 뜨거움도 값졌습니다. 떠난 자리조차 아름다운 섬김의 인생이 있음을 배웠습니다. 버시의 섬김도 그러했습니다.

---

41) 이와 같이 학자들 사이에서 시제의 변화 (현재-과거)에 무게를 주는 해석을 하는 사람은 소수에 속합니다. 이들 중에는 복음주의 캠프에 속한 John Murray, 주석, p. 231; C.E.B. Cranfield, 주석, p. 793; Leon Morris, 주석, p. 536 등입니다.

🏛 **요한일서 2장 17절**

세상에는 큰 빛을 발한 것 같지만 주님 보시기에는 별일을 하지 않았던 겉만 요란한 일꾼들이 많습니다. 하지만 주님의 교회에는 직위도 없이 이름도 없이 섬겼지만 놀라운 빛을 발했던 주님의 일꾼들이 하늘의 별처럼 많이 있었습니다. 이름이 기록되지 않은 일꾼들 중에도 부흥의 물결을 타고 하나님의 나라를 크게 확장했던 사람들이 바다의 모래알처럼 많았습니다. 이들에게는 공통점이 있었습니다. 오직 주님의 일을 행하는 것과 주님을 사랑하는 것에만 관심을 두었던 것입니다. "이 세상도, 그 정욕도 지나가되 오직 하나님의 뜻을 행하는 자는 영원히 거하느니라"(요일 2:17). '버시'는 영원히 하나님과 함께 거하고 있을 것입니다.

로마 교회의 부흥 이야기는 이름 없는 일꾼들이 부흥의 물결을 타고 넘쳐나는 것입니다. 바울에겐 수많은 동역자들이 있었고, 순수한 열정을 가진 이들이 결국 로마제국을 접수할 미래 교회의 초석이 되었던 것입니다. 이들이 있었기에 이들의 후예가 섬기던 하나님의 교회는 수십 년 뒤에 다가왔던 혹독한 박해를 이길 수 있었습니다. 그리고 결국 로마 황제는 기독교를 국교로 취할 수밖에 없는 하나님의 섭리를 받아들이게 된 것입니다.

초대교회의 이야기는 숨이 막힐 듯이 펼쳐지는 부흥의 이야기입니다. 어려움 없이 질주하던 부흥이 아니라 상상을 초월하는 어려움 속에서도 자기 자리를 견고하게 지키는 철저히 헌신된 인물들과 이들을 통하여 역사하는 말씀과 성령의 힘이 세상으로 거침없이 침투해 들어가는 것이었습니다. 이 시대도 맨해튼과 세속주의에 물든 세상을 다시 접수할 또 다른 초대교회들을 기다리고 있습니다.

| 판 권 |
| 소 유 |

초대교회 이야기

2010년 9월 20일 인쇄
2010년 9월 30일 발행

지은이 | 한규삼
발행인 | 이형규
발행처 | 쿰란출판사

주소 | 서울 종로구 이화동 184-3
TEL | 02-745-1007, 745-1301~2, 747-1212, 743-1300
영업부 | 02-747-1004, FAX / 02-745-8490
본사평생전화번호 | 0502-756-1004
홈페이지 | http://www.qumran.co.kr
E-mail | qumran@hitel.net
E-mail | qumran@paran.com
한글인터넷주소 | 쿰란, 쿰란출판사

등록 | 제1-670호(1988.2.27)

책임교열 | 박신영 · 김윤이

값 9,000원

ISBN 978-89-5922-999-4 03230

* 이 출판물은 저작권법의 보호를 받는 저작물이므로 무단 복제할 수 없습니다.
* 잘못된 책은 교환해 드립니다.